자사고 진학부장의
입시고민 처방전

고1·2, 중3 **부모를 위한 현실** 대입 전략

자사고 진학부장의

입시고민 처방전

장준혁 지음

모두가 만족할 수 있는 대입을 위하여

세 개의 포인트와 또 하나의 표지

수능 5등급을 받고 의대와 최상위권 대학을 지원한다. 소위 '빵꾸'를 바라고 지원한 게 아니다. 빵꾸를 바란다면 그래도 성적이 더 좋아야 한다. 하필이면 매년 정시 전형 발표 즈음 설날이 있다. 삶은 냉혹하다. 친지들의 물음에 속내를 감춰야 한다. 의대와 SKY를 지원했는데 내년을 기약해야겠다고 한다. 주변에서 그래도 대단하다며 위로의 말을 건넨다.

일반적인 모습은 아니다. 하지만 여러 번 봐왔던 모습이다. 우리의 삶에는 대입을 중심으로 여러 가지가 복잡하게 얽혀 있다. 그래서 특정 행동에 대해 쉽게 비난의 꼬리표를 붙이면 안 된다. 사람마다 가치 체계가 다르고, 처해 있는 상황이 다르고, 그에 따른 반응 메커니즘도 다르다.

대입으로 인해 불행해지는 사람이 많다. 불행의 모습은 각양각색이다. '대입은 ⬚(이)다.'라고 했을 때 네모 안에 들어가는 단어로 '천국'을 떠올리는 사람은 없을 것이다. 오히려 '지옥'이란 말을 넣었을 때 고개를 끄덕일 것이다. 대입으로 가는 길은 고통과 불안과 불신과 다툼을 동반한다. 그렇더라도 저 끝에 보이는 조그만 빛에 희망을 품으며 견뎌 나간다. 하지만 막상 끝에 도달해보면 현실은 냉혹하다.

10년도 넘었다. 한 선배가 내게 말했다. "앞으로 네겐 세 번의 변화가 있을 거다. 한 번은 결혼하고, 한 번은 아이를 낳고, 한 번은…" 오래된 기억이라 마지막 한 번이 무엇인지 떠오르지 않았다. 그런데 정말 그랬다. 결혼한 후에는 오롯이 학교 일만 할 수 없었다. 균형점을 찾아야 했다. 아이를 낳은 후에는 학생들이 예전과 같지 않았다. 모든 학생이 내 아이의 다양한 모습으로 보였다.

기억나지 않은 마지막 한 번을 강하게 겪었다. 2022년 1월 3일 대장암이 발견됐다. 아버지도 암으로 돌아가셔서 암환자가 죽음에 이르는 과정을 안다. 다행히 나는 아버지와 가는 길이 달랐다. 하지만 조직에서 잠시 나온 난, 그냥 병에 걸린 동네 아저씨였다. 인간관계가 달라지고 그에 따라 대화의 주제도 달라졌다.

그러다 한 친구가 말했다. "블로그를 써 보는 건 어때? 네가 갖고 있는 걸 풀어내다 보면 그 속에 새로운 삶이 있을 거야." 친구는 '선한 영향력'이란 말도 남겼다. 그래서 난 글을 쓰고, 책을 쓰고 있다.

이 책에 대입의 모든 걸 담을 수는 없다. 관중지천(管中之天)이란 말이 있다. 좁디좁은 대롱으로 하늘을 본다는 말이다. 좁은 시야로 전체를 오도하는 오류를 범하지 않기 위해 노력했다. 하늘 전체는 보지 못하더라도 필요한 부분은 빠짐없이 보고 이해하려고 노력했다. 지난 17년 동안 대입 관련 다양한 관계자를 만났고, 다양한 자료를 취합하면서 해석했다.

그럼에도 불구하고 대입의 온전한 모습을 담는 데는 한계가 있었다. 따라서 대입을 이해하고자 하는 분들은 이 책을 중심으로 다른 입시 서적도 참고하기를 바란다.

이 책은 비법서가 아니다. 하지만 학생, 학부모, 교사가 닥친 상황을 이해하고, 무엇을 해야 하고, 무엇을 하지 않아야 하는지, 그리고 어려움이 닥쳐도 그다음에는 어떻게 해야 하는지를 고민할 때 조언이 될 것이다.

정보비대칭과 일그러진 상담

정보비대칭, 그러니까 서로 가지고 있는 정보가 다르다는 이야기다. 정보비대칭이란 말은 주로 중고차 시장을 설명할 때 활용된다. 자동차를 파는 중개인과 사려는 희망자가 해당 자동차에 대해 가지고 있는 정보가 다르다는 거다. 그래서 예전처럼 정보가 불투명했던 시기에는 정보비대칭으로 인해 중고차를 잘 사도 손해, 못 사면 더 손해라는 말이 있었다.

　대입 시장도 마찬가지다. 정보비대칭이 너무나 심하다. 학생, 학부모, 교사가 가지고 있는 정보의 격차가 너무나 크다. 그래서 대입 관련 학생, 학부모 상담을 하게 되면 서로 다투는 것처럼 보일 때가 많다. 현실을 파악하고 더 나은 방향을 모색해야 하는데 상담이 일그러질 때가 많았다.

　학생들은 정보 속에서 막연한 태도를 취한다. 그리곤 자신에게 유리한 정보 한두 개만 취한 후 PC방이나 카페로 도피한다. 학부모는 과거 자기 경험과 '카더라 통신'에 많이 의존한다. 교사는 새로움을 받아들이지 않고 과거의 지도 경험에 의존한다. 교사 간에 정보교류도 없다. 또 때론 알려줘도 들으려 하지 않는다.

　학생에게 있어 인생의 중요한 단추를 끼는데 손발이 다 따로 논다. 그리곤 서로를 탓한다. 인간은 잘되면 자기 탓, 잘못되면 남 탓을 하는 습성이 있다. 오랜 생존 과정에서 자연스레 형성된 메커니즘이기에 이를 나무랄 수는 없다. 하지만 알 수 없는 결과를 향해 나아가더라도 학생, 학부모, 교사가 합심해서 서로를 의지하고 믿었으면 좋겠다.

　더욱이 모두가 만족하는 대입의 결과는 찾아보기가 어렵다. 하지만 후회 없는 대입을 치를 수는 있다. 학생, 학부모, 교사가 상황에 매몰되지 않고 각자가 대입의 주체가 되어 함께 위로하고 격려하면서 나아간다면 충분히 가능하다.

이 책은 대입 상담을 앞둔 학생과 학부모, 그리고 대입을 일선에서 치러야 할 교사에게 유용할 것이다. 서로 정보가 비슷해야 상담이 원활할 수 있으며, 언론에서 발표되는 대입 관련 뉴스에 불안해하지 않고 주체적으로 정보를 해석하고 대응할 수 있을 것이다.

이 책의 사용 설명서

학생들이 처해 있는 상황은 매우 다양하다. 그리고 대학별로, 전형별로 나름의 특징을 갖고 있으며, 성공과 실패 사례는 무수하고 각각 그 속에 숨겨진 맥락이 있다. 고등학교 유형별로, 지역별로 중점을 두는 대입 전략도 다르다. 따라서 이 모든 것을 자세히 다루려면 단행본으로는 어렵다. 다뤄야 할 정보가 너무 많기 때문이다. 시중에 수시나 정시를 자세히 다루고 있는 책만 보더라도 옛날 전화번호 책의 두께를 훌쩍 넘는다. 그냥 대입 관련 숫자 데이터들만 나열해도 1천 쪽은 넘길 거다.

1천 쪽이 넘는 책을 다 읽었다고 해도 정작 개별 학생에게 필요한 부분은 몇 장 안 된다. 학생이 모든 전형으로 모든 대학에 지원하는 것이 아니기 때문이다. 학생은 어떤 성향이며, 학교는 어떻게 대입을 준비하고 있고, 학부모는 무엇을 원하는지 아는 게 중요하다. 그런 다음 거기에 맞는 정보들만 취사선택하고 분석하면 된다.

대입의 맥락을 이해하지 못한 채 세세한 정보들을 본다면 이해가 안 될 뿐만 아니라 과대해석을 하게 된다. 또 귀가 얇아져 카더라 통신에 따라 천당과 지옥을 오가게 된다. 따라서 학생, 학부모, 교사는 대입 정보를 주체적으로 해석할 수 있는 능력을 갖추고 있어야 한다. 또 새로운 대입 정보를 이해할 수 있는 배경지식도 필요하다.

이런 생각을 바탕으로 이 책을 크게 세 부분으로 구성했다. '넓게 보는 대입', '자세히 보는 대입', '멀리 보는 대입'이 그것이다.

'넓게 보는 대입'에서는 대입을 이해하기 위해 꼭 알아야 할 것과 최근 대입 트렌드, 그리고 전반적인 대입 전략 등을 다루고 있다. 고정되어 있지 않고 상황에 따라 다른 결과가 벌어질 때 우린 '살아 있다'라는 표현을 쓴다. 대입도 마찬가지다. 살아 있는 유기체와 같다. 그해 매체로부터 흘러나오는 특정 직업 이슈가 대입 학과 경쟁률을 결정하기도 한다. 매번 '이럴 것이다'라는 확신을 가지고 접근하지만 때론 좌절 앞에 겸손을 배우는 것이 대입이다. 그래서 고정값과 함께 변수도 유심히 살펴야 한다. 넓게 보는 대입을 구성한 이유다.

두 번째는 '자세히 보는 대입'이다. 대입의 대표적인 전형을 다루었다. 학생부(교과) 위주 전형, 학생부(종합) 위주 전형, 논술 위주 전형, 수능 위주 전형, 실기 위주 전형 등이다. 이 중 전국적으로 선발 비중이 가장 높은 학생부(교과) 위주 전형, 상위권 대학에서 비중이 높은 학생부(종합) 위주 전형과 수능 위주 전형에 많은 분량을 할애했다. 실기 위주 전형은 일반고 학생들이 지원하는 비중이 적기에 최소한으로 다뤘다. 여기에서는 전형별 특징은 무엇인지, 왜 그렇게 되었는지 등을 설명했다.

마지막은 '멀리 보는 대입'이다. 대입은 불안과 욕망을 먹고 산다고 한다. 불안과 욕망이 커질수록 시야는 좁아진다. 당장 눈앞에 있는 대입에 모든 것을 건다. 100세 인생을 살아갈 학생들을 하얗게 태우게 만든다. 대학교수들이 신입생을 받고 "파릇파릇해야 할 학생들이 왜 이렇게 퍼져 있는가."라며 한탄하기도 한다. 그래서 여기에는 학생과 학부모를 더욱 불안하게 만드는, 앞으로 있을 대입 이슈들을 다뤘다. 또 욕망에서 시야를 넓히기 위해 미래 인재 역량을 한두 가지 정리했다.

보기에 따라 쓸쓸한 자기 위안이 될 수 있겠지만 가끔 교양으로 천문학을 공부하곤 한다. 그러면 주변에 일어나고 있는 힘든 일들이 천체의 관점에서는, 우주의 관점에서는 아무것도 아닌 일들이 되곤 했다. 어쩌면 장기적 관점에서 '대입의 실패'는 없을 수 있다. 대입은 각자의 삶 속에 있는 하나의 과정에 불과하기 때문이다.

이 책을 읽는 독자 중에는 이런 생각을 할 수 있다. '내용을 읽어 보니 입시가 어떤 맥락에서 흘러가고 있고, 어떤 특징이 있는지 알겠는데, 그럼 어떻게 하란 말인가?' 그래서 '자세히 보는 대입'의 각 전형별 설명 마지막에 '그래서 어떻게 준비해야 할까'를 넣었다. 학생과 학교의 사정에 맞는 맞춤식 설명에는 다소 부족하겠지만, 대한민국에 있는 학생과 학교라면 응당 처해 있는 공통적인 상황이 있으니 이를 바탕으로 어떻게 해야 하는지를 설명했다.

부디 대입을 본격적으로 접하기 전, 담임 상담을 앞두기 전, 고3이 되어 대입을 본격적으로 치르기 전에 이 책이 큰 도움이 되었으면 하는 바람이다. 또 고등학교 선택을 앞둔 중학교 학생과 학부모에게도 도움이 되었으면 한다. 2028학년도 대입부터 대입의 판도가 달라지겠지만, 대입 전형은 그 틀을 유지하면서 전형요소별 조합과 비중에서 주로 차이를 가져올 것이기 때문이다.

장준혁

목차

1장 넓게 보는 대입: 현재의 대입 전형 이해하기

2장 자세히 보는 대입: 전형별로 알고 준비하기

3장 멀리 보는 대입: 앞으로의 대입 이슈 살피기

1장

넓게 보는 대입:

현재의 대입 전형 이해하기

욕망과 불안이 꿈틀대는 대입

대입에 관심을 갖고 분석하고 전략을 짜고 실제 학생들을 지원시키는 일을 17년 넘게 해오고 있다. 성공한 사례들만 집중한다면 입시의 신이라 불릴 만하다. 하지만 실패한 사례들만 집중한다면 이만한 실패자도 없다. 매해 실패에서 교훈을 배우고 성공에서 위안을 얻으면서 지금까지 입시를 해오고 있다. 언제 입시에 대한 인식이 한 단계 성장할지는 모르겠지만, 지금은 '입시' 하면 '욕망'과 '불안'이라는 단어를 지울 수 없다.

서울대부터 제주대까지 입학관계자들을 만났다. 그들의 의중부터 고충까지 많은 걸 듣고 공감할 수 있었다. 그들도 욕망과 불안이 있었다. 더 우수한 학생을 뽑고자 하는 욕망과 자신들이 뽑은 학생들이 실제로 우수할까, 제대로 잘 뽑았을까 하는 불안 말이다. 또 지방대의 경우에는 어떻게든 경쟁률을 높이고자 하는 욕망과 미달이 되지 않을까 하는 불안이 공존했다.

다양한 학생과 학부모도 만났다. 그들도 각자의 상황 속에서 간절한 바람을 품고 있었다. 하지만 강한 욕망이 하나씩 꺾이자 실망의 낯빛을 감추지를 못했고, 이내 불안에 희망이 조금씩 잠식되기 시작했다. 그리곤 이런 질문까지 하게 된다. "인서울은 가능할까요?"

입시는 모두의 바람대로 되지 않는다. 다수의 바람을 저버리는 것이 대입이다. 그래서 욕망을 조정하고 불안을 조금씩 잠재울 필요가 있다. "인서울이 가능할까요?"라는 마지막 질문에 "아니오."라고 단정적으로 말하는 것보다 대입 환경에 대한 설명이 필요하다. 인서울. 많은 수험생과 학부모가 바라는 인서울은 학령인구가 줄었음에도 쉽지 않다.

인서울이 어려운 이유와 교통의 발달

한 지방대의 입학관계자와 있었던 일을 옮겨 놓겠다. 지방대의 입학관계자가 말했다. "앞으로 KTX가 들어오고 전철까지 확장되면 우리 대학은 우수인재를 대거 확보할 수 있을 뿐만 아니라 전국적인 대학으로 발돋움할 수 있습니다." 여러 사람이 있는 자리에서 분위기를 깨고 싶지 않았다. 하지만 다른 인식도 보여주고 싶었다.

"지방대는 교통이 좋아지면 오히려 위기의식을 높여야 합니다. 왜냐하면 지역의 인재가 대거 유출될 수 있기 때문입니다. 청량리와 춘천을 잇는 ITX청춘이 들어서면서 춘천에 있는 사람들은 지역경제 활성화를 기대했고 강원대, 한림대 관계자는 새로운 도약의 기회라고 생각했습니다. 그런데 결과는 반대로 흘러갔습니다. 평일이면 춘천 시민들은 ITX를 타고 서울의 청량리, 상봉에 가서 소비생활을 했습니다. 그리고 춘천 지역의 우수 학생들은 서울에서 자취할 필요도 없이 ITX를 타고 인서울 대학으로 통학을 했습니다. 특히 ITX의 종착역인 청량리 주변에는 우수한 대학들이 많습니다. 고려대, 서울시립대, 경희대, 한국외대, 동덕여대, 광운대 등. 경기도 남부도 비슷합니다. ○○대의 경우 과거에는 명문 사학이었으나 지금은 전철의 확장으로 지역 인재들이 서울로 통학하고 있습니다. KTX를 타고 부산에서 인서울 대학에 통학하는 과거의 특정 사례는 곧 일반화될 수도 있습니다. 수서발 SRT의 상당수 이용객들은 청주, 대전, 대구 등에 직장을 두고 있는 전문직입니다."

인서울 대학의 모집 인원은 20년 전과 비교해 줄긴 했지만 학령인구 대비 극적으로 달라지지 않았다. 대학역량평가라는 명목 아래 지방의 일부 대학교들이 퇴출당했을 뿐이다. 그럼 분명 100만 수험생의 이야기가 나왔을 때에 비해 수험생이 반토막 난 지금이 인서울을 하기 더 쉬워야 한다. 그런데 왜 더 힘들까? 이는 교통발달로 인한 수도권 쏠림현상에서 비롯되었다.

부모 세대는 지방에서 서울에 가려면 마음을 먹어야 했다. 서울대, 연대, 고대에 갈 성적이 안 되면 지방국립대를 선택했다. 하지만 이제는 다르다. 서울도 1일 생활권이다. 과거에 비해 심리적 거리가 많이 줄었다. 지방국립대와 인서울 대학을 동시에 합격하면 인서울 대학을 선택하는 사례가 늘어나고 있다.

또 젊은층이 수도권으로 이동하고 있다. 젊은층의 수도권 이동은 첫 번째가 취업, 두 번째가 학업 때문이다. 첫 번째와 두 번째는 연관되어 있을 것이다. 지방에서 올라와 학업을 마치고 취업을 하고 가정을 꾸린다. 이런 과정을 거쳤기에 수도권 인구가 대한민국 인구의 절반이 되는 것은 자연스럽다. 젊은층 구성만 보게 되면 수도권이 절반이상이다. 지방은 소멸해간다. 지리학에서도 이를 설명하는 용어가 있다. 바로 '빨대효과'다.

교통이 발달할수록 모든 인적, 물적 흐름은 중앙에 집중된다. 서울에서 지방으로 가는 교통편은 좋아도, 지방에서 지방으로 가는 교통편은 빈약하다. 대한민국은 도로, 철도 등의 발달로 점점 도시국가에 가까워지고 있다. 수도권을 중심으로 한 도시국가 말이다.

이미 지방대는 위기를 느끼고 있다. 그래서 사활을 걸고 수도권으로 대학을 옮기려고 한다. 그것이 어려우면 천안까지만이라도 갔으면 한다. 그들에게 대입은 생존의 문제다. 학생이 없는 학교는 있을 수 없기 때문이다. 하지만 학생들이 수시와 정시에 예전처럼 충분히 지원을 하지 않는다. 점점 지원율은 줄고 있다. 합격을 해도 최종등록까지 연결되지 않는다. 수시와 정시에서 미충원 대학들이 늘어나고 있다.

인서울에 대한 어려움은 자연계보다 인문계가 더 크다. 판이 바뀌었기 때문이다. 예전에는 성적 중하위권에서 '인문계에서 자연계로의 교차지원'이 더러 이루어졌다. 이젠 반대로 상위권에서 '자연계에서 인문계로의 교차지원'이 이루어지고 있다. 상위권에서 교차지원이 이루어지기 때문에 중하위권 대입에 미치는 파급력은 크다.

자연계의 역습, 교차지원

교차지원은 인문계 학생이 자연계 학과에, 자연계 학생이 인문계 학과에 지원하는 걸 말한다. 현 고등학교 교육과정에서는 인문계와 자연계 구분이 겉으로 드러나지 않는다. 하지만 대학에는 여전히 인문계와 자연계 학과가 존재한다. 따라서 대입을 준비하는 학생들은 대학의 희망 계열에 맞춰 대입을 준비한다. 계열에 맞춰 교과 선택과목을 선택하고, 계열에 맞춰 수능 선택과목을 준비한다.

과거에는 인문계 학생들이 교차지원을 많이 했다. 대상은 서울 중위권 대학에 인문계로 지원하기 어려운 학생들이었다. 우리나라는 제조업을 기반으로 한 산업국가다. 따라서 취업 측면에서 봤을 때 자연계 학과 졸업생이 인문계 졸업생보다 취업이 쉽고 취업의 질도 좋다. 괜히 '문송합니다(문과라서 죄송합니다)'라는 말이 나온 게 아니다.

교차지원은 거의 정시에서 이루어진다. 그래서 인문계 학생이 자연계로 교차지원을 하려면 수능 수학 성적이 좋아야 했다. 예전 인문계 학생들은 '수학 나'를 따로 봤기 때문에 수학 성적에서 혜택을 봤다. 대체로 자연계 학생들이 '수학 가'를 보기 때문에 '수학 나'를 선택한다면 상대적으로 좋은 성적 받기가 수월했다. 그래서 인문계 학생이 자연계 학과로의 교차지원이 가능하게끔 구도가 만들어졌다. 주로 의생명(간호·방사선·물리치료 등)이나 공학 쪽으로 교차지원을 했다. 취업이 잘 됐다.

반면 자연계 학생은 인문계 학과로의 교차지원이 거의 없었다. 왜냐면 자연계 학생들은 대학에 들어가기가 더 수월하기 때문이었다. 자연계 학생들에게는 지원할 최상위권 대학 및 학과가 많다. 위에서 빠져나가는 학생들이 있으니 그 밑에 있는 학생들은 대학을 한 단계 업그레이드시킬 수 있었다. 굳이 인문계로 지원할 필요가 없었다. 오히려 교차지원을 하면 대학 간판을 따기가 더 어려워졌다.

예를 들어보자. 자연계의 어떤 학생이 서울대에 합격했는데 등록을 하지 않았다. 왜 그럴까? 의대, 치대, 한의대, 약대, 수의대(줄여서 의치한약수) 등에 붙었기 때문이다. 또 서울대 대신 카이스트, 포스텍 등에 등록할 수도 있다. 반면 인문계는 어떨까? 인문계 학생이 서울대를 붙었는데 등록하지 않았다. 왜 그럴까? 정말 답을 떠올리기 어렵다. 이

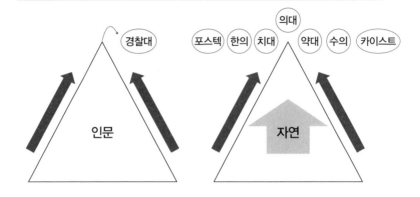

경우는 경찰대 말곤 없다. 만약 더 있다면 학생의 미등록 실수 정도.

　이제 상황이 바뀌었다. 교차지원에서 자연계의 역습이 시작됐다. 이를 가능하게 한 두 사건이 있다. 첫 번째는 통합수학이다. 즉 과거처럼 자연과 인문을 수학 '가'와 '나'로 구별하지 않는다. '수학'으로 통합해서 같이 성적을 산출한다. 자연히 인문계 학생들의 수학 성적이 하락했다. 예전에는 '수학 나'에서 1등급을 받을 수 있는 실력이었다면 바뀐 체제에서는 3, 4등급을 받는 확률이 높아졌다. 달리 말하면 자연계에서 '수학 가' 3등급 받을 실력이었다면 이젠 1, 2등급이 가능해졌다.

　국어영역에서 상위권은 일반적인 생각과 달리 자연계 학생들의 비중이 높다. 여기에다 통합수학으로 수학영역에서는 상위권의 절대다수가 자연계다. 따라서 수능 총점에서 상위권은 상당수 자연계 학생이 차지하게 됐다.

다음으로 대학들의 복수전공 확대는 자연계 학생의 교차지원을 늘리는 데 판을 깔아줬다. 최근 대학들은 복수전공을 권장하고 있다. 심지어 학생들이 전공을 설계하도록 기회를 제공하는 대학도 늘어나고 있다. 자연계 학생들이 경영이나 경제로 지원해서 자연계 학과로 복수전공하는 길이 넓어졌다.

"자연계 학생들이 취업이 잘 된다. 특히 자연계 학생 중 경영학을 복수전공한 학생들은 더욱 그렇다."라는 말이 있다. 그래서 교차지원의 열기가 있기 전에도 자연계 전공 학생들 사이에서 경영학 복수전공은 인기가 많았다. 이젠 자연계로 가서 경영을 복수전공하는 게 아니라, 자연계 학생들에게 진입장벽이 낮아진 상위 대학의 경영학과로 가서 자연계를 복수전공하면 된다. 인문계로 교차지원을 하면 학교 레벨도 올릴 수 있다. 또 학생들의 능력과 성향을 보면 자연계 학생은 인문과 자연 모두 복수전공을 할 수 있지만, 인문계 학생들에게 계열을 뛰어넘는다는 것은 어려운 일이다.

이렇듯 수학이 통합되었더라도 대학들이 복수전공을 확대 시행하지 않았다면 자연계 학생들의 교차지원은 거의 없었을 거다. 대학 간판이 좋더라도 굳이 취업에 어려움을 겪는 인문계보다는 대학은 낮더라도 확실히 취업률이 높은 자연계 학과로 가는 것이 유리하기 때문이다.

최근 대입에서 자연계를 정시로 지원한다면 건국대에 합격할 수 있는 학생이, 연고대 인문계로 교차지원해서 합격했다는 사례가 있었

2023학년도 서울대 정시 교차지원 가능한 인문계 학과 합격자의 자연계 학생 비율			
학과	자연계 학생 비율	학과	자연계 학생 비율
자유전공학부	100%	경영학부	67%
간호대	100%	사회학과	60%
영어교육과	80%	국어교육과	60%
지리교육과	75%	체육교육과	55%
경제학부	74%	역사학부	50%
윤리교육과	71%	총 51.6%(640명 중 330명)	

* 서울대·정경희 국회의원 자료 참고

다. 이렇듯 자연계 학생의 인문계로의 교차지원 붐은 갈수록 심화될 듯하다.

그러면 왜 대학들은 복수전공을 확대하고 있는가?

시대의 요구? 학생과 대학의 필요?

'학벌세탁'이란 말이 있다. 이 말이 아직도 유효하다는 건, 사회가 여전히 학벌을 중요시하고 있다는 것을 보여준다.

고3 대입 상담을 하면서 학생에게 대학 분캠(대학교의 분교)에 원서를 넣자고 한다. 들어가서 열심히 하면 본캠으로 전과가 가능하다고 설득한다. 이것도 안 되면 편입을 노려보자고 한다. 학생은 조언에 따라 다른 지방대가 아닌 분캠에 들어가 열심히 했지만 학벌세탁을 하지 못한다. 그래서 대학원으로 진학한다. 그런데 학부 졸업자만 그 대학 출신으로 쳐준다고 한다.

이젠 학벌세탁에 이어 '학과세탁'이 등장했다. 전과를 하는 학과세탁은 구시대 방법이다. 시대의 트렌드는 복수전공이다. 복수전공이 등장한 건 시대적 요구가 크다.

19세기, 20세기가 학과의 분화, 전문화의 시기였다면 21세기는 융합의 시기다. 다른 두 개 이상의 학문을 합쳐 새로움을 창출하는 것이다. 또 시대의 문제들은 복합적이어서 다양한 분야로의 접근을 요구한다. 그래서 대학마다 부전공, 이중전공을 넘어 복수전공을 권장하고 있다. 학생들에 따라 전공을 세 개까지 하는 경우도 있다.

복수전공은 처음에는 시대의 요구였지만 지금은 학생과 대학의 필요를 충족시켜주는 도구가 되었다. 수험생들이 대학을 선택할 때 대학 순위를 따지는 이유는, 해당 대학의 졸업장이 취업에 큰 영향을 끼친다고 보기 때문이다.

당연히 먹고사는 문제는 중요하다. 우리나라는 저성장 시대로 진입했다. 로봇 가동률은 세계 1위고, 세계 공급망 재편에 따라 국외로 나가는 공장도 많아지고 있다. 이전 정권에서 장관들을 모아놓고 청년 실업에 대해 논의했지만 해결이 쉽지 않아 보였다.

취업을 위해서 인문계에서는 경영·경제·컴퓨터가, 자연계에서는 경영·공학·컴퓨터의 간판이 있어야 한다. 학생들의 바람에 대학도 동참한다. 필요할 경우를 대비해 졸업장도 여러 버전으로 준비한다. 취업에 유리한 쪽으로 갖다 쓰라고 한다. 대학도 홍보를 하려면 취업률이 중요하다.

생각해보면 '학과 재편의 경직성'도 복수전공을 활성화시킨 듯하다. 언론에서 사회의 수요와 대학의 공급이 일치하지 않는다는 뉴스가 한 번씩 오르내린다. 대학은 새로운 사회에서 필요로 하는 인재를 공급해야 한다. 하지만 대학은 과거의 공급 체제에서 크게 달라지지 않았다. 대학도 사회 수요에 따라 학과별 인원을 조정하면 되겠지만 쉽지 않은 문제다. 대학에도 산업계에서 이야기하는 노동의 유연성이 있어야 하지만 정말 쉽지 않다. 그러다 보니 기존의 학과 체제를 유지하면서 사회적 수요에 맞추려고 한다. 이때 복수전공이 상당히 매력적인 카드로 등장했다.

현재 대부분 대학에서 세부 모습은 다르지만 복수전공을 폭넓게 허용하고 있다. 서울대도 복수전공의 문을 더 열려고 하고 있다. 어떤 대학은 복수전공을 희망하는 학생들이 워낙 많아서 아예 신입생을 뽑을 때 수학 역량을 중요하게 본다. 경영, 경제를 하려면 수학을 알아야 하며, 공학과 컴퓨터 분야에서는 수학이 기본이기 때문이다.

그런데 정말 복수전공이 자연계의 역습을 불러왔을까? 아니다. 하나의 트리거가 됐을 뿐이다. 그 이전에 방아쇠를 당기고자 하는 욕망이 존재했다. 바로 높은 순위의 대학과 학과에 가고자 하는 욕망이다. '대학은 간판'이라는 풍조가 더 근원적인 이유다.

대학순위와 대입순위, 그리고 캠퍼스 통합

대부분 그렇다. 어떤 전형을 어떻게 활용할까를 고민하지, 어떤 대학에 지원할까는 크게 고민하지 않는다. 왜냐면 전 국민의 답은 정해져 있기 때문이다. 바로 순위가 높은 대학이나 학과다. 물론 희망하는 대학이 있긴 하다. 그러다 희망하는 대학보다 성적이 더 잘 나오면 희망 대학에 갈까? 아니다. 순위가 더 높은 대학이나 학과를 갈망하게 된다.

대학 순위는 크게 세 종류가 있다. 국외, 국내, 대입 이렇게 세 가지다. 국외에서 유명한 건 영국의 QS와 THE가 있고 네덜란드의 라이덴 평가가 있다. QS와 THE는 종합평가라면, 라이덴은 논문만을 기준으로 한 평가다. 2022년 QS와 THE의 국내 1위 대학은 모두 서울대다. 각각 세계 36위, 54위다. 그런데 재미난 건 국내 기업가들에게 평판이 가장 좋다는 서강대는 생각보다 순위가 낮다. 아마 학교 규모 면에서 불리하기 때문인 듯하다. 2022년 라이덴평가의 국내 1위는 UNIST(울산과학기술원)다. 세계 244위다. 흥미로운 건 국내 2위는 세종대다. 세계 394위다. 논문에서 우수한 평가를 받는다는 건 그만큼 우수한 교수진을 확보하고 있다는 방증이다.

대학순위				
구분	국외			국내
평가기관	QS	THE	라이덴	중앙일보	배치표
평가기준	교육, 논문 등		논문 영향력	교육, 평판 등	입결자료
대학지원참조	낮음			높음

국내에서는 〈중앙일보〉가 2004년부터 평가를 하고 있다. 매번 평가결과를 보면, 증거는 없는데 재미난 그림이 그려진다. '성균관대-삼성-중앙일보'의 관계다. 과거부터의 결과를 살펴보면 서울대 위에 성균관대가 있었던 적이 있었으며, 또 성균관대는 대개 연고대 위에 위치한다. 그렇다고 성균관대를 폄하하는 건 아니다. 기초과학연구원(IBS)의 연구단을 대학에서 두 개나 유치했을 정도로 저력이 있는 대학이다.

앞에서 대부분 수험생이나 학부모는 대학순위를 고려해서 지원한다고 했다. 그럼 사람들이 QS와 THE에서 낮게 평가받은 서강대 지원을 꺼릴까? 아니다. 너무나 가고 싶어 한다. 세종대가 라이덴평가에서 서울대보다 좋으니 서울대 대신 세종대에 지원할까? 아니다. 거기에는 또 다른 순위가 있다. 바로 대입순위다.

서연고 서성한 중경외시 건동홍 국숭세단 광명상가

참, 쉽게 변하지 않는다. 대학에서 많은 돈을 쏟아붓는다고 해도 순위를 뒤집기가 어렵다. 대학마다 특별한 학풍이 있고 특성화된 학과도 있지만 그걸 무시하고 아프리카 국경선을 지도에서 긋듯 층을 지워버렸다.

그런데 최근 약간의 변화가 있다. 단정하긴 어렵지만 교통이 주요 변수로 등장한 듯하다. 순위가 크게 차이 나지 않으면 학생들은 교통이 편리한 곳을 가려는 경향이 있다. 예를 들면 서울의 강북과 강남에서 접근이 용이한 건국대와 세종대는 비슷한 순위의 대학보다 경쟁률이 높다. 또 인서울 대학으로 과거 전국적인 명성을 얻었지만 교통이 불편해 우수 학생 유치에 어려움을 겪는 대학도 있다. 학종에 강점을 보이는 인천 지역 학생들은 인서울에 합격하고도 비슷한 수준의 주변 대학으로 대거 빠져나가기도 한다.

그 외 대입순위에서 예전 부모 세대와는 다른 변수로 캠퍼스 통합을 들 수 있다. 과거에는 본캠과 분캠으로 나누었지만 지금은 대학들이 하나로 통합되고 있다. 그래서 분캠이었다가 통합된 캠퍼스는 입결성적이 올라갔다. 통합을 할 때 취하는 방식은 주로 인문 캠퍼스와 자연 캠퍼스 같은 이원화다. 통합이 되면 복수전공 등의 학점교류가 수월하며 졸업장이 같다.

참고로 성균관대는 통합이 된 것이 아니라 설립 때부터 이원화가

대학별 캠퍼스 현황	
캠퍼스 통합	**본캠/분캠**
경희대, 단국대, 명지대, 상명대, 중앙대, 한국외대, 홍익대	건국대/건국대 글로컬, 고려대/고려대 세종, 동국대/동국대 경주, 연세대/연세대 미래, 한양대/한양대 에리카

되어 있었다. 그리고 캠퍼스를 통합한 대학 중 경희대, 한국외대만 대학코드까지 일치시켰다.

　욕망과 불안이 꿈틀대는 입시에서 판을 뒤엎을 수 있는 새로운 태풍의 눈이 등장했다. 바로 고교학점제다. 연일 뉴스와 신문기사에서 보도된다. 궁금해서 인터넷에 찾아보고 유튜브를 봐도 실체가 잡히지 않는다. 이는 또 어떤 모습으로 입시의 판을 흔들까?

자사고, 특목고 폐지와 고교학점제, 그리고 절대평가(feat. 2028 대입)

교육부의 최우선 과제는 고교학점제다. 우리 사회가 한 단계 도약하려면 교육에서의 변화가 필요하다고 봤다. 앞으로 사회는 다양한 분야의 전문가를 필요로 한다. 교육은 그들을 길러내야 한다. 따라서 학생들 각자의 관심과 적성에 맞는 맞춤식 교육이 필요했다. 이를 실현시켜줄 수 있는 것이 고교학점제다.

학점제를 잘 정착시키기 위해서는 인력과 공간이 필요하다. 그래서 수업을 할 수 있는 자격을 완화했다. 교원자격증이 없더라도 교단에 설 수 있도록 하겠다고 했다. 공간 확충에도 신경을 썼다. 일선 고교에 공간 확충 지원금을 뿌렸다. 이렇게 해서도 해결되지 못하는 공간 문제는 거점학교를 만들어 해결하고자 했다. 또 온라인 학교도 만든다.

여기까지의 노력은 교육부가 주도적으로 해결할 수 있었다. 하지만 여러 이해관계가 얽혀 있는 것도 있다. 바로 절대평가와 자사고, 특목고 폐지다. 이들은 연계되어 있다.

학점제를 하게 되면 상대평가가 아닌 절대평가 체제가 필요하다. 왜냐하면 학생들의 자율적 선택에 따라 수강인원이 천차만별이기 때문이다. 어떤 과목은 수강생이 많아 내신 받기에 유리하고, 어떤 과목은 신청 학생은 적은데 성적 우수 학생들이 몰려 내신 받기에 불리할 수 있다. 소인수 과목은 아예 1등급이 없을 수도 있다. 따라서 학점제를 안착시키기 위해서는 절대평가 체제가 구축되어야 한다.

그런데 문제다. 그렇게 되면 자사고, 특목고에 유리할 수 있다. 자사고, 특목고로 지원을 망설이게 했던 족쇄가 풀린다. 그럼 좋지 않은가? 아니다. 일반고의 붕괴가 심화된다. 안 그래도 지역에 따른 학생들의 성적 편차가 심한 마당에 교육불평등을 더 부추길 수 있다. 그러면 교육은 계층을 더욱 공고히 만드는 수단이 된다.

그래서 이전 정권에서 자사고, 특목고 폐지를 정책 과제로 삼았다. 자사고, 특목고를 폐지해야 절대평가 체제가 안착될 수 있고, 학점제도 잘 운영될 수 있다. 그런데 여론의 반발이 있었다. 이를 수용해 중재안을 냈다. "영재고, 과학고는 계속 유지한다. 국가의 기초과학 발전을 위해 필요하다. 그 외에는 다 일반고로 전환한다. 그래서 2025년에는 고교학점제를 전면 시행한다."

이번 정권에 들어서 다시 수정한다. 자사고는 유지한다. 외고, 국제고도 유지한다. 그리고 절대평가를 시행하지만 상대평가(5등급제)도 병행한다. 2023년 10월 10일 교육부에서는 '2028학년도 대입제도 시안'을 발표했다. 그리고 이는 국가교육위원회를 거쳐 개편안으로 확정된다. 사교육에서는 이를 속보로 띄운다. 하지만 정작 중요한 건 다음에 있을 '대학의 움직임'이다. 즉 교육부에서 마련한 평가방식으로 창출된 데이터를 대학에서 어떻게 활용할 것이냐가 핵심이다. 가뜩이나 교육부에서는 학생 선발에 있어 대학의 자율을 강조하고 있다.

앞으로의 대학 움직임은 '대입 전형 기본사항'과 '대입 전형 시행계획'으로 구체화될 것이다. 하지만 당장 중학교 학생과 학부모 입장에서는 이를 기다리는 것이 너무나 힘들다.

이렇게 대입 관련 이슈가 터질 때마다 대입을 준비하는 학생과 학부모는 불안해질 수밖에 없다. 이런 사회적 수요를 눈치채고 컨설팅 학원이 우후죽순 생겨나고 있다. 대형 입시학원도 이쪽 시장의 성장 가능성에 주목하고 사업을 확장하고 있다.

자유로부터의 도피와 컨설팅 학원의 증가

원서 작성의 주체가 바뀌었다. 학부모나 교사가 학창시절이었을 때는 원서를 학교에서 썼다. 담임교사가 여기저기 몇 군데 추천하면 거기에 맞춰 썼다. 하지만 이젠 아니다. 학생, 학부모가 담임교사의 조언을 듣고 집에서 진학사나 유웨이 어플라이로 지원한다. 결정의 자유를 학생, 학부모가 가져왔다. 거창한 비유를 하자면 중세 권위 사회로부터 개인의 자유를 중시하는 근대 사회로 넘어온 것이다. "담임이 쓰라고 해서 썼다."라는 말이 점점 사라지고 있다.

개인이 자유를 획득하면서 생기는 문제가 입시에서도 벌어졌다. 자유로부터 도피하고 싶은 것이다. 자유는 책임과 불안을 동반한다. 대입 지원 결정의 자유를 얻었지만, 현재 대입은 과거와 너무 다르다. 유튜브 등으로 대입정보를 들어봐도 다들 전달하는 정보가 다르다. 왜냐면 학교, 대학, 학원 등이 자신의 입장에서 취사선택한 정보만 보여주기 때문이다. 또 특정정보는 각자의 입장에서 재해석해서 전달한다.

학부모 입장에서는 사회에서의 생존도 버거운데 대입 관련 무수한 정보를 처리하느라 막대한 에너지를 쏟을 여유가 없다. 차라리 권위에 의지하고 싶어진다. 이 틈새를 잘 노린 것이 컨설팅 학원이다. 학령인구가 감소함에 따라 학원가도 어려움을 겪고 있지만 컨설팅 학원은 예외다. 특히 사교육의 메카인 대치동에 많이 생기고 있다.

하지만 1년 후 컨설팅 학원은 사라진다. 왜 대치동에 컨설팅 학원이 많이 생겨날까? 이유 중 하나는 많이 없애고 새로 만들기 때문이다. 때론 여러 명이 해마다 대표를 바꿔가며 컨설팅 학원을 겉으로 새롭게 탈바꿈시키기도 한다. 학원명이 바뀌게 되면 건물 관련 설비 점검을 다시 받아야 한다. 그런데 막상 점검하러 가보면 예전과 같은 학원이다.

컨설팅 학원 중에서도 자본력과 정보력이 뛰어난 곳이 있어 큰 도움을 주기도 한다. 그런데 모양새가 달라야 한다. 학생, 학부모, 학교가 주체가 된 상태에서 사교육의 도움을 받는 것과 사교육이 중심이 되고 학생, 학부모, 학교가 끌려가는 것은 다르다.

입시에서 중요한 격언이 "너 자신을 알라."이다. 학생을 가장 잘 아는 건 학생 본인, 학부모 그리고 학교다. 그래서 입시전략 수립은 가까이에서부터 시작해야 한다.

적합한 전략은 가까이에 있다

입시를 할 때 이런 말을 사용하곤 한다. '뜨거운 가슴과 냉철한 이성'. 학생을 더 나은 대학 환경에서 공부할 수 있도록 열망을 가져야 하되 상황을 냉철하게 볼 수 있어야 한다는 말이다.

저학년일수록 상담은 쉽다. 학생, 학부모가 원하는 대답을 해주면 된다. "가능합니다! 이것만 이렇게, 저것만 요렇게 하면 됩니다."라고 말하면 된다. 모두가 웃으면서 화기애애하게 마무리된다. 하지만 막상 대입을 앞두고 있으면 "이것 때문에 안 되고, 저것 때문에 어렵습니다."라고 한다. 뜨거운 열정이 냉정한 현실 앞에 분노로 변한다. 열정이 큰 만큼 냉철한 이성도 지녀야 한다. 열정만 컸다가는 나중에 시커먼 재로 남을 수 있다.

적합한 전략은 두 개의 기둥으로부터 시작한다. 바로 '학생'과 '학교'다. 각각의 성향과 역량이 중요하다. 학생은 활동적이라 학종이 맞을 듯한데 학교는 학종 준비가 안 되어 있다. 학생은 수능을 잘할 수 있을 것 같은데 학교는 대부분 학생부 교과로 대학을 보낸다. 그럼 학생은 학교의 분위기에 휩쓸린다. 학생은 논술에 자신 있는데 학교에서는 논술 기출문제나 선행학습영향평가를 분석하는 교사가 없다. 주변에 학원도 없다.

따라서 학생과 학교의 합이 잘 맞아야 한다. 그래서 대입 전략 수립의 첫 번째 단계는 고등학교를 선택하는 데서 출발한다. 학생의 성향을 알고 이를 키워줄 수 있는 학교를 선택해야 한다. 그런 다음 그 속에서 대입 전략을 구체화해야 한다. 구체적 전략은 학생과 학교 사이에 있다. 학교는 누적 데이터를 가지고 있다. 학생의 데이터와 학교의 누적 데이터를 비교하면 어느 정도 가이드라인이 나온다. 거기서 더 도전적으로 갈 것인지, 안정적으로 갈 것인지, 또 입시의 변화로 이번에는 어떻게 할 것인지를 고민해야 한다.

내신이 4등급이면 어떻게 해야 한다는 표준 모델은 없다. 학생과 학교에 따라 펼치는 전략은 다양하다. 그래서 학생과 학부모, 교사 사이에 정보비대칭을 해소하는 것이 무엇보다 중요하다. 서로가 원하는 정보만 바라볼 게 아니라 긍정적 정보든, 부정적 정보든 함께 공유하고 열정적이되 냉철하게 대입을 생각해야 한다.

이것이 선행되면 학생에게 적합한 대입 전략을 세울 수 있고, 각자 가지고 있는 역량을 한데 모을 수가 있다.

불안을 잠재우기 위한 노력과 대입의 속내

사회불안이 가중되면 사회적 비용을 많이 지불하게 된다. 대입의 불안도 마찬가지다. 사교육비는 갈수록 늘어나고 있다. 청소년 자살률도 높아지고 있다. 학교는 공동체가 아니라 경쟁의 장이다. 학생들은 학업 스트레스를 늘 달고 살고, 같은 반 아이를 성적으로, 정서적으로 따돌려야 자신이 살아남는다고 여긴다. 그러지 못하면 우울해진다. 같이 살아남기보다는 본인만 살아남기에 특화되어 간다.

연일 발표되는 교육정책은 대입으로 인한 불안에 기름을 붓는다. 세상은 변하고 있기 때문에 교육도 변해야 한다. 우리나라도 미국, 일본, 중국 사이에서 국가 경쟁력을 갖춰야 하지 않겠는가. 발표된 정책은 사람들을 괴롭히기 위해서 나온 게 아니다. 우리나라에서 최고 수준의 전문가들이 모여 그들의 열정을 바쳐 만든 거다. 학생들의, 사회의, 국가의 발전을 바라는 모두의 마음은 한가지다.

하지만 정책이 발표될 때마다 낯설다. 낯섦에 이익 관계 당사자는 간이 콩알만 해진다. 이에 정부는 수험생과 학교, 학원 등의 불안을 덜고자 정책의 예측 가능성을 높이고자 한다. 정책이 나오는 맥락을 미리 알려주고 정책 발표와 시행에 시차를 두는 것이다.

시시각각 변하는 대입과 4년 예고제

대입은 전형마다 다르고, 대학마다 세부적으로 다르다. 이를 다양화라고 할 수 있겠지만 한쪽에서는 복잡화로 받아들인다. 그럴 때마다 '라떼는 말이야'를 시전한다. 대입이 단순했던 옛날이 더 좋았다고 한다. 그런데 미디어에서는 고교학점제 시행, 미래형 수능, 자소서 폐지, 지역균형 전형, 2028 대입 등 다양한 이슈가 흘러나온다. 혼란스러울수록 불안해진다. 입시가 시시각각 달라지고 있는데 이를 놓치는 것이 아닐까, 우리 아이만 손해 보는 것이 아닐까 불안한 것이다.

이를 다소나마 해소하기 위해 만든 법(고등교육법)이 '대입 4년 예고제'다. 대입 3년 예고제로 많이 알려져 있다. 원래 3년이었지만 2019년에 대입정책 발표시기를 앞당겨 4년이 되었다. 대입 4년 예고제만 알고 있어도 뉴스에서 나오는, 또는 시중에 떠도는 대입정보를

대입 4년 예고제			
구분	주체	발표시기	
대입정책	교육부	중2	2월 말
대입 전형 기본사항	대교협	고1	8월 말
대입 전형 시행계획	대교협, 대학	고2	4월 말
수시모집 요강	대학	고3	5월 초
정시모집 요강	대학	고3	9월 초

분별해서 수용할 수 있다.

'대입정책'은 대입제도의 전반적인 정책을 담고 있다. 이는 교육부에서 발표한다. 예를 들어 2018년 8월 17일에 '2022학년도 대학입학제도 개편방안 및 고교교육 혁신방향'을 발표했다. 2022학년도 대입을 할 땐 수능 위주 전형 비율을 30% 이상으로 확대하고, 수능 국어·수학 등에 '공통+선택형 구조'를 도입한다는 등의 정책을 담고 있다. 2019년 11월 28일에는 '대입제도 공정성 강화방안'이 발표됐다. 이처럼 대입에 큰 영향을 끼치는 정책은 중3 학생부터 준비할 수 있도록 사전에 발표한다. 대입정책은 교육부 홈페이지에 올라오는 보도자료에서 확인할 수 있다. 특별한 사항이 없을 때는 발표하지 않는다. 이전의 정책이 그대로 유지된다고 보면 된다.

'대입 전형 기본사항'은 대학에서 대입을 치르면서 공통으로 지켜야 할 방침 및 전형 일정 등을 다루고 있다. 이는 한국대학교육협의회(대교협)에서 시안을 마련하고 지역별 입학관리자와 교육청 등의 의견을 수렴해서 최종 확정한다. 대교협에서 운영하는 '어디가' 홈페이지(adiga.kr)에 들어가면 확인할 수 있다.

대입 전형 기본사항이 정해지면 각 대학들은 이를 바탕으로 '대입 전형 시행계획'을 만든다. 모집 인원, 학생부 및 수능 반영 방법 등을 담고 있다. 이때 일선 학교에서는 대학별 변화를 확인할 수 있어 긴장하며 살펴본다. 수시와 정시 요강은 대입 전형 시행계획을 구체화한 것이라고 보면 된다. 대입 전형 시행계획과 요강은 각 대학 입학처 홈페이지에 들어가면 확인할 수 있으며, 전국 4년제 대학의 시행계획 종합본은 교육부 홈페이지 보도자료에서 확인 가능하다.

정리하면 이렇다. 정부(교육부)에서 "앞으로 4년 후의 대입은 이렇게 하겠다."라는 정책을 발표한다. 그러면 대학들이 대교협에 모여서 논의를 하고 공통의 방침과 대입 전형 일정을 정한다. 그리곤 대학으로 돌아가 본인 대학만의 대입 시행계획을 만들고, 이를 구체화해서 요강을 만든다.

그럼에도 불구하고 학생, 학부모는 여전히 어려움에 처해 있다. 요강을 봐도 도통 무슨 말인지 모르겠다는 거다. 대학마다 쓰는 용어들이 비슷하면서도 달라서 몇 개의 대학 요강을 연달아 보게 되면 앞에서 봤던 것도 무엇이었는지 기억나질 않는다. 그래서 교육부에서 이렇게 했다.

대입 전형의 간소화, 다섯 카테고리

두려움은 예측 불가능에서 온다. 공포영화에서 가장 무서운 장면은 두려움을 주는 대상이 어디에서 어떤 모습으로 나타날지 모를 때다. 한때 대입 전형은 대학별로 여러 모습으로, 매해 다르게 다가왔다. 학생, 학부모, 교사의 불안은 가중되었다. 이에 2013년 교육부는 대입정책의 예측 가능성을 높이기 위해 '대입 전형 간소화 방안'을 내놓았다.

다음은 간소화 방안이 발표되기 이전 대학별 요강을 수 놓았던 대입 전형 명칭 중 일부다.

UOS포텐셜특별전형(시립대), 네오르네상스전형(경희대), 브레인한양전형(한양대), PRISM인재전형(충남대), 이화미래인재전형(이화여대), UOU 프런티어 특별전형(울산대), 진리·자유트랙(연세대), 아주ACE전형(아주대), SSU리더십전형(숭실대), 성장잠재력우수자전형(세종대), 바롬®플러스형인재전형(서울여대), 학교생활우수자전형(서강대), 옵티머스리더전형(명지대), Do Dream 특성화전형(동국대)

여전히 예전 명칭을 활용하는 대학도 있다. 100개의 대학이 있으면 100개의 전형이 있는 것처럼 보인다. 그래서 교육부는 이를 단순화했고 대개 5개의 카테고리에 넣었다.

대입의 주요 전형은 학생부 위주(교과/종합), 논술 위주, 실기 위주,

구분	전형 유형	주요 전형 요소
수시	학생부(교과) 위주	학생부 교과
	학생부(종합) 위주	학생부 교과, 비교과
	논술 위주	논술 등
	실기 위주	실기 등
정시	수능 위주	수능 등
	실기 위주	실기 등
	학생부(교과) 위주	학생부 교과
	학생부(종합) 위주	학생부 교과, 비교과

수능 위주 이렇게 다섯 가지다. 재미난 것은 모두 '위주'라는 말이 붙는다는 것이다. 이는 대학별 전형에 따라 평가 요소가 둘 이상이 될 수도 있다는 말이다. 예를 들어 논술 위주 전형이면 논술을 100% 반영하는 경우도 있지만 논술과 교과가 혼재되어 반영되는 경우도 있다. 참고로 후자의 경우 논술 위주 전형이 되기 위해서는 논술 반영 비율이 50%를 넘어야 한다.

다섯 카테고리 중 학생부 위주(교과/종합), 논술 위주 등은 수시에서 뽑는 비중이 높고, 수능 위주는 정시에서만 선발한다. 실기 위주는 수시·정시 비슷한 선발 비율을 보이지만 보통 수시에서는 특기자들을, 정시에서는 일반학생들을 선발하는 비중이 높다. 학생부 위주(교과/종합)가 정시에서도 보인다. 하지만 전체 모집 인원에서 0.5% 이하를 차지한다.

대입 전형은 크게 다섯 카테고리로 나눌 수 있다. 또 이는 수시와 정시에 포함된다. 그런데 여기에 하나 잘못된 게 있다. 그것은 대입을 수시와 정시의 2분법으로 나누는 것이 아니라, 수시와 정시, 그리고 추가모집의 3분법으로 나눠야 한다는 것이다. 그만큼 요즘 추가모집 선발 인원이 대폭 증가했다.

제3의 입시로 떠오른 추가모집

'엘도라도'는 황금으로 된 도시를 말한다. 대항해시대 엘도라도에 대한 믿음은 컸다. 아메리카 어딘가에 있을 도시를 찾아서 수많은 사람이 나섰다. 하지만 엘도라도는 없었다. 대신 유럽, 아프리카, 아메리카를 잇는 노예 무역이나 광산 개발, 농장 운영 등으로 유럽인들은 이익을 챙겼다.

추가모집에 대해 설명한다기에 모집 인원도 많아졌다고 해서 기대했었는데 왜 '엘도라도가 없다'는 말로 시작을 하고 있을까? 그건 큰 기대를 가져서는 안 된다는 것을 알아두어야 하기 때문이다. 그럼 차근차근 알아보자.

'수시와 정시'. 대학에 가려면 이 두 길만 있는 줄 안다. 하지만 2월

추가모집 인원 증가 추이				
추가모집	2020학년도	2021학년도	2022학년도	2023학년도
대학	162개교	162개교	157개교	180개교
인원	9,830명	2만 6,129명	1만 7,595명	1만 7,439명

추가모집 일정 예시	
추가모집	내용
원서접수, 전형일, 합격자 발표, 등록	2024.02.22.(목) ~ 29.(목) ※합격통보마감: 2024.02.29.(목) 18:00까지 ※홈페이지 발표는 14시까지, 14~18시까지는 개별 통보만 가능함
등록마감	2024.02.29.(목)

* '2024학년도 대학입학전형 기본계획' 참조

말에 열리는 제3의 길이 있다. 추가모집이다. 추가모집은 수시와 정시에서 정원을 다 채우지 못해 2월 말에 추가로 모집하는 것을 말한다. 최근 대입의 양상을 보면 학령인구의 감소와 N수생 증가 등으로 수시와 정시에서 선발 인원을 채우지 못하는 대학이 늘어나고 있다. 곧 추가모집을 실시하는 대학과 선발 인원이 늘어나게 된다.

대교협은 수능을 치르는 고3 학생들이 고1일 때 '대학입학전형 기본계획'을 발표한다. 거기에 수시, 정시 일정과 함께 추가모집 일정도 나와 있다.

추가모집을 실시할 대학은 추가모집 기간 전까지 대교협에 보고해야 한다. 추가모집 기간 중에 결원이 발생했다고 해서 임의로 할 수 없다. 그래서 추가모집을 실시하는 당일 진학사나 유웨이 어플라이에 들어가 보면 대략적으로 어떤 대학이, 어떤 학과에, 몇 명을 모집한다는 것 등을 알 수 있다. 평가요소로는 대부분 수능 성적을 활용한다. 당연하다. 수시에서 미등록 인원이 발생하면 대부분 정시 수능 위주 전형으로 이월한다.

추가모집은 대개 정시 미등록으로 인해 발생한다. 하지만 대학에 따라 학종이나 교과로 선발하는 경우도 있다는 점을 유의해야 한다. 전형 일자도 대학마다 다르다. 대학의 자율이기 때문이다. 세심한 주의를 요하는 부분이다.

지원 자격은 수시와 정시에서 모두 불합격한 학생, 정시에서 합격했지만 등록을 포기한 학생, 정시로 전문대에 지원해서 합격한 학생 등이다.

추가모집의 장점은 지원 횟수가 무제한이라는 점이다. 물론 '하나의 대학, 하나의 전형에는 한 번만 지원 가능하다'는 원칙은 수시, 정시와 함께 여전히 유효하다. 하지만 수시는 6회, 정시는 3회라는 지원 횟수의 제한이 추가모집에서는 없다는 것은 상당히 매력적이다. 경쟁률이 10:1이더라도 돌고 돌아 본인에게 기회가 올 수도 있기 때문이다. 총알만 충분하다면 해볼 만하다.

앞서 추가모집을 설명하기 전에 엘도라도를 언급했었다. 제3의 입시로 떠오를 만큼 모집 인원이 많지만 엘도라도만큼 큰 축복을 가져다주는 사례는 많지 않다. 추가모집에는 의대나 치대 등도 나온다. 최근에는 한양대도 추가모집이 있었다. 하지만 상위 대학과 상위학과는 경쟁률이 치열하다. 인서울 대학도 마찬가지다. 정시에서 떨어진 학생들이 추가모집에서 희망 대학이 아니더라도 안전장치를 걸어 놓고 재도전을 하려고 한다. 그래서 경우에 따라서는 커트라인이 정시보다 더 높게 나오기도 한다.

반면 중하위 대학에서는 합격할 가능성이 높다. 뽑는 인원도 상대적으로 많은 데다가 경쟁률도 낮은 편이다.

예전에 인문계 수능 4, 5등급 학생을 대상으로 무차별 지원을 했었다. 지방거점 국립대 비인기 학과 하나만 걸렸다. 반면 비슷한 성적대의 학생은 수도권 주요 사립대 간호학과에 합격했다. 또 인서울 마지노선 대학의 컴퓨터공학과에 합격한 학생도 있었다. 그래서 그런 생각이 들었다. '능력보다는 그해 운이 많이 작용하겠구나.' 데이터가 많으면 고득점자의 지원경향을 알 수 있고, 이를 활용해 최상위권에서 소위 빵꾸가 나는 대학과 학과를 예측할 수 있다. 하지만 아무리 데이터가 많더라도 중하위권에서 빵꾸를 찾는 건 '신의 영역'이다.

여기까지 읽었는데도 대입은 복잡하다. 차라리 더 단순화시키면 어떨까 하는 생각도 든다. 전형도 하나로 통합시키면 대입의 많은 문제를 일소에 해결할 수 있을 것 같다. 그러나 그건 안 된다. 대입은 이상하게도 정치 영역이기에 그렇다.

대입 전형의 정치학적 해석

대부분 수험생들은 대입 전형의 다섯 카테고리 중 보통 두세 개 정도 활용한다. 지역에 따라, 학교에 따라, 학생 성향에 따라 활용할 수 있는 전형이 정해져 있기 때문이다.

'교육'을 설명할 때 '백년지대계'라는 말이 꼭 따라다닌다. '교육은 국가와 사회 발전의 초석이기에 백 년 앞을 내다보는 큰 계획에서 이루어져야 한다'는 뜻이다. 국가의 미래를 걱정하며 교육을 올바르게 세우려고 노력하는 사람들은 많다. 하지만 대개는 인구가 줄어드는 다운사이징 시대에 국가의 미래보다도 개인의 생존을 더 중요하게 여긴다. 조금이라도 나은 대학, 나은 학과에 가서 계층 사다리를 올라탔으면 하는 바람이 강하다. 따라서 서로 이해관계가 다르기에 교육의 해법은 정치적으로 이루어진다. 특히 대입이 그렇다.

시카고대학의 정치학 교수 데이비드 이스턴(David Easton)은 정치를 다음과 같이 정의한다.

사회적 희소자원의 권위 있는 분배

대학은 희소자원이다. 아니 인서울 대학이, 아니 10개 대학이, 아니 SKY가, 아니 서울대가, 아니 의대가, 많은 사람이 욕망할수록 희망 대학은 피라미드의 정점을 향한다. 점점 희소해진다. 선발하려는 학생

수는 적은데 희망하는 학생들은 많아진다.

생존의 욕구가 강한 시대, 그리고 계층 상승의 바람이 지배하는 사회에서 대입은 어떻게든 이슈가 되어 각각의 이익에 따라 조율된다. 즉 대입을 '미래인재 선발과 양성'이라는 기치 아래 실제로는 정치적으로 분배하고 하고 있는 것이다. 이런 모습을 보여주는 대표적인 사례가 공론화위원회다. 각각의 이익당사자 입장을 들어보고 희소자원을 권위 있게 분배하려고 한다.

그래서 나눠 가졌다. '수능과 논술'은 재수생, 강남, 목동, 분당, 용인, 중계 등이 가져갔고, '학생부 종합 전형'은 특목고, 자사고, 인천, 그리고 일반고의 상위권 등이 가져갔고, '학생부 교과 전형'은 재학생과 지방이 가져갔다. 참고로 특목고나 자사고도 지역에 따라 다소 차이가 있으나 대체로 그렇다. 서로 나눠 가져가니 큰 다툼이 없다.

교육부 차관의 전화 한 통에 주요 대학이 정시 모집 인원을 갑자기 늘린다든지, 지방학생들을 위해 지방에는 지역인재 전형을, 수도권에는 지역균형 전형을 신설한다든지, 주요 16개 대학은 정시를 40% 이상 늘려야 한다든지, 대학은 원치 않는데 학생부 기재 항목을 줄이고 자소서를 없앤다든지 등의 모습들은 대입이 정치적으로 해결되고 있다는 것을 보여주는 또 다른 사례다.

대학은 위에서 지시가 내려오니 말없이 따른다. 왜냐면 학령인구 감소 시대에 돈을 쥐고 있는 정부는 생명의 샘과 같기 때문이다. 하지만 말이 없다고 해서 속내가 없는 건 아니다.

대입 전형별 대학의 숨은 마음

대학은 대입 전형 중 어떤 걸 제일 좋아할까? 막연하게 들리는 질문이기에 힌트를 주겠다. 옷을 사러 가면 점원들은 입어보기를 권한다. 왜냐면 입어본 사람이 옷을 구매할 확률이 높기 때문이다. 한 번 입어 본 고객은 옷을 자기 것이라 생각하게 된다. 내 것은 다른 것보다 가치가 있다.

대학이 좋아하는 전형은 학생부 종합 전형이다. 왜냐면 자신들 손으로 뽑았기 때문이다. 또 학생을 뽑기 위해 엄청난 에너지를 쏟아부었다. 학생을 숫자로 줄 세워서 자른 게 아니다. 하나하나 꼼꼼히 따져보고 고민하면서 뽑았다. 그래서 더 애착이 간다.

이런 애착은 학생들 GPA(학점) 추적조사에서도 드러났다. 대학마다 약간의 차이가 있지만 여러 대학이 공동연구한 결과를 보면, 전형별 학생들의 GPA에서 학종으로 들어온 학생들이 가장 좋았다. 그다음이 수능, 교과, 논술 순이었다. 그런데 3, 4학년만 놓고 보면 학종과 수능으로 들어온 학생들의 GPA는 비슷해졌다. 당연하지 않겠는가? 수능으로 들어온 학생들도 우수하다. 그런데 그들은 대개 수능에 한두 번 더 도전을 한다. 바로 1, 2학년 때 GPA가 좋지 않은 이유다. 그러다 마음을 접고 학과 공부를 하니 3, 4학년 때는 성적이 오른다. 대학 입학사정관들은 내가 뽑은 학생이 더 나아야지 하는 생각에 추적조사를 더 한다. 목적을 둔 조사다. 결국 찾았다. 취업률도 학종이나 수능이나 비슷한데, 취업의 질이 다르다고 한다.

이것이 예전의 '전형별 입학생 추적조사'의 결과였다면, 최근에는 의미 있는 변화가 생기고 있는 듯하다. 대학들이 발표하는 자료들을 보면 GPA나 취업 그리고 대학원 진학에서 학종 또는 교과로 들어온 학생들이 훨씬 더 좋은 결과를 내고 있다.

대학은 이런 이유가 아니더라도 또 다른 이유로 학종으로 들어온 학생들을 좋아한다. 학종으로 들어온 학생들은 본인이 수능으로 갈 수 있는 대학보다 상위의 대학에 왔으니 학교에 대한 충성도가 좋다. 또 점수에 맞춘 게 아니라 대개 희망 학과에 들어왔기에 전공 이해도나 소속감도 좋다.

그럼 대학이 가장 꺼리는 전형은 뭘까? 답은 수능이다. 수능으로 들어온 학생들은 우수하다. 그런데 텃새인 줄 알았는데 철새였다. 수능으로 들어온 학생들은 중간에 학교를 떠난다. 수능 점수에서 한 번 레벨 점프하면 쉽게 레벨 다운되지 않는다. 그래서 입학하고 대학생활을 즐기다가 여름방학부터 몇 개월 준비하고 상위 대학으로 점프한다. 이는 주로 상위권에서 일어난다. 그래서 대학은 학교에 대한 애착과 재정 안정성 측면에서 정시 확대를 바라지 않는다.

그 외 교과 전형은 지방대가 좋아한다. 우수 인재들이 수도권으로 다 빠져나가는 상황에서 교과성적은 그나마 학생들의 성실함을 담보하기 때문이다.

논술 전형은 돈과 연계되어 있다는 말이 있다. 논술 전형은 경쟁률이 가장 높다. 이 말은 지원하는 학생들이 많다는 거다. 많은 지원은 많은 수입을 의미한다. 한때 논술을 한 번 치르면 건물이 하나 올라간다는 말이 있었다. 이를 확인을 해보진 않았다. 하지만 전형료로 들어온 수입은 쓸 수 있는 항목이 정해져 있다는 건 안다. 그래도 명목이야 어쨌든 재정이 힘든 대학 입장에서는 좋은 일이다. 그런데 이보다는 다양성 측면에서 보고 싶다. 입학생이 다양할수록 이를 잘 활용하면 시너지 효과를 낼 수 있으니까. 그래서 여전히 대학에서 논술을 고수하고 있는 게 아닐까 한다.

다음 설명으로 넘어가기 전에 대학에서 이야기하는 '충성도'에 대해 생각해보자. 대학입학처에서 신입생들의 성향을 설명할 때 '충성도'라는 말을 쓴다. 충성도는 신입생이 입학해서 반수로 또는 자퇴로 타 대학으로 가지 않고 소속대학에 계속 남아 있는 상황을 설명하는 용어로 쓴다.

대개 논술, 교과, 학종 전형으로 들어온 학생들이 충성도가 높다고 한다. 정시 수능 위주 전형이 가장 낮다고 한다. 그런데 충성도라는 용어가 바람직한가란 의문이 든다. 만약 중위권 대학에서 논술, 교과, 학종으로 들어온 학생들에게 SKY대학으로 갈 수 있는 기회가 주어진다면 그들은 기존 학교에 충성할까? 아니다. 바로 나갈 거다. SKY대학에 다니고 있는 학생들에게 의대를 갈 수 있는 기회가 주어진다면 어떻게 할까? 당연히 기회를 잡을 거다.

학생부와 내신은 이미 과거다. 정해져 있다. 바꿀 수 없다. 학종, 교

입학 전형별로 학습 능력에 차이가 있나?

특목고나 8학군 출신이 수능 점수 위주로 선발하는 정시에 가장 많다. 그런데 추적조사를 해보면 입학 후 학점은 수시 일반 전형(학종)이 제일 좋고, 그다음으로 정시, 지역균형 전형 순이다. 반면 졸업 성적은 수시 일반전형, 지역균형, 정시 순으로 높다. 정시가 가장 낮다. 취직도 이 순위다. 수능은 반복해서 훈련하면 점수가 높아지는 시험이다. 점수에 맞춰서 전공을 선택했거나 시키는 공부만 해서 그런지 대학 성적이 그렇게 좋지 않다. 지역균형 학생들이 처음에는 힘들어하는데 수업에도 적극적이고 곧잘 적응한다.

– 임기를 마친 오세정 전 서울대 총장의
중앙SUNDAY와의 인터뷰 중(2023.02.04.)

과 전형으로 들어온 학생들은 과거의 결과로 갈 수 있는 최선의 대학에 들어왔다. 그래서 더 높은 순위의 대학에 가고 싶어도 그럴 수 없다. 논술은 경쟁률이 극악이고, 최저 등급을 맞춰야 한다. 투자 대비 합격 가능성이 엄청 낮다. 반면 수능은 다르다. 한번 레벨 업했으면 웬만해선 레벨 다운되지 않는다. 그래서 충성도라 말하는 학생 성향 분석 용어의 이면에는 '탈출 불가능성'이 깔려 있다는 것을 알아주었으면 한다.

지혜롭게, 그리고 올바른 방향으로

'2028 대입개편 전문가 포럼'이 열렸다. 교육부에서는 고교학점제에 따른 대입 변화를 준비하고 있다. 대학도 나름대로 고심하고 있다. 하지만 이런 논의가 이루어지고 있다고 해서 당장 대입에 적용되는 건 아니다. 앞서 설명한 것처럼 4년 예고제를 지켜야 한다. 2028학년도 대입개편을 위해서는 4년 전인 2024년 2월까지는 어떻게 하겠다는 발표가 있어야 한다. 그때까지 발표하지 못하면 기존 체제는 변화 없이 그대로 가고 대입 개편은 유예된다.

현재 입시를 치르고 준비해야 할 학생들에게는 이미 대입의 판은 주어져 있다. 주어진 대입의 판이 마음에 들지 않더라도 어쩔 수 없다. 2023년 2월까지 새로운 대입정책 발표가 없었기 때문에 기존 체제가 유지된다. 2024년에 고등학교 1학년인 학생들까지 해당된다. 이후의 학년들은 2024년 2월, 2025년 2월 등을 지켜봐야 한다.

현재는 대입의 기본 체계가 그대로 유지되기 때문에 대입의 다섯 카테고리에 대해 자세히 알아둘 필요가 있다. 그래서 다음 장에 학생부 위주 전형(교과/비교과), 논술 위주 전형, 수능 위주 전형, 실기 위주 전형 등의 특징과 흐름 등을 설명하겠다. 각 전형별 설명 이후에는 어떻게 해야 하는지, 전략에는 어떤 것이 있는지 등도 덧붙일 것이다.

그전에 대입을 준비할 때 몇 가지 명심해야 할 것을 언급하고자 한다. 이를 알아두면 대입을 지혜롭게, 그리고 올바른 방향으로 준비하는 데 도움이 될 것이다.

최고의 입시 성과는 겨우 1승이다

1승 15패. 프로야구 원년 삼미 슈퍼스타즈의 투수인 감사용 선수의 최종 성적이다. 이 정도 성적이면 아무도 기억해주지 않는다. 특히 한 시즌 25승을 올린 박철순 선수가 있으면 더 가려진다. 하지만 소설 『삼미 슈퍼스타즈의 마지막 팬클럽』과 영화 〈슈퍼스타 감사용〉이 있어 우리는 그를 기억한다.

야구에서는 1승 15패가 초라한 성적이지만, 이 성적이 최고로 대우받는 곳이 있다. 바로 대입 시장이다. 이곳에서는 감사용 선수가 찾은 등판에 몸이 만신창이가 된 상태에서 어렵게 얻은 1승을 거의 입지전적으로 추앙한다. 반대로 수시에서 6전 전승을 하거나 정시에서 3전 전승을 하면 실패라 여기기도 한다.

1승만 했다는 것은 학생이 갖고 있는 역량에 비해 상위 대학에 갔다는 의미다. 그래서 재수를 하려고 학원을 알아보던 찰나 "추가 합격하셨습니다."라는 전화를 받으면 '겨우 1승을 할 입시 전략'으로 얻은 최고의 성과로 여긴다.

이런 경우도 있다. 행복과 성취감은 때론 상대적인 것에서 온다. 6전 전승이나 3전 전승을 해서 그중 하나를 골라 대학에 갔다고 치자. 자신은 여유 있게 대학에 들어왔지만 옆에 있는 동기는 겨우 들어왔다. 점수 차이가 난다. 대학에 들어간 기쁨이 실망감으로 바뀐다. 또 자신과 비슷한 성적대의 친구는 운이 좋게도 자신보다 더 높은 순위의 대학에 들어갔다고 한다. 대입 전략을 설계해준 고3 담임 선생님에게 갑자기 화가 난다. 뭔가 손해 본 느낌이다. 그래서 전승보다는 패가 있는 대입 전략이 필요하다.

하지만 대입은 도박이 아니다. '겨우 1승'을 위해 학생의 인생을 도박으로 몰면 안 된다. 그럼에도 불구하고 감사용 선수를 이야기하는 것은 입시에서 전략을 너무 안정적으로 설정하지 말라는 거다. 상향, 적정, 안정을 적절하게 배분하는 것이 중요하다. 고생해서 대입 치르는 데까지 왔는데 조금이라도 더 나은 보상이 있어야 하지 않겠는가.

이를 위한 밑바탕은 수험생이 수능을 열심히 준비하는 것이다. 수시를 지원하더라도 말이다. 왜냐면 수시 지원은 정시가 결정하기 때문이다.

수시 지원은 정시가 결정한다고?

대입 전략의 기본은 기준을 정하는 것이다. 이땐 많은 것이 기준이 될 수 있다. 꼭 가고 싶은 대학이나 학과, 타인의 시선, 미래 직업에 대한 신념 체계, 학생의 성적, 다니고 있는 학교의 특성 등이 있을 수 있다. 하지만 가장 기본은 정시로 어느 대학에 갈 수 있느냐다. 그래야 수시에서 어느 정도 대학에, 어떤 전형으로 지원할지가 정해진다.

왜 정시가 기준이 되어야 하나? 그건 배치표가 있기 때문이다. 영어절대평가와 반영비율 차이, 교차지원 등으로 배치표는 과거의 절대적 존재감을 잃어가고 있지만 여전히 유효하다. 모든 수험생은 합격을 바란다. 하지만 붙을지 말지 안갯속이다. 이때 배치표가 있으면 어느 정도 이정표가 될 수 있다. 꼭 붙어야 하면 배치표에서 한 칸 아래에 지원하면 된다. 그런데 수시는 다르다. 내신이 좋아서? 활동이 좋아서? 논술을 잘해서? 모른다. 좋아도 떨어질 수 있다.

그럼 겪지도 않은 정시 수능성적을 어떻게 알 수 있을까? 그건 재학 중 보게 되는 학력평가 성적표로 대략 예측이 가능하다. 예를 들어 2학년 3월 학력평가 성적표가 나왔으면, 그걸 가지고 담임 선생님에

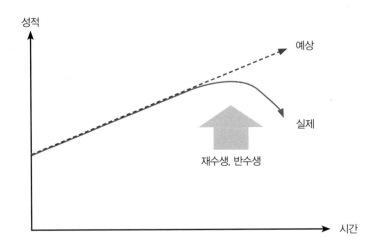

열심히 했을 때의 학력평가, (모의) 수능 점수 추이

성적

예상

실제

재수생, 반수생

시간

게 여쭤보면 된다. 만약 부끄럽다면 인터넷으로 '쎈진학'에 들어가면 된다. 그곳에서 성적을 입력하면 수능을 봤을 때의 대략적인 추정치를 구할 수 있다.

너무 놀라지 마라. 생각보다 추정 성적이 좋지 않을 거다. 왜냐면 고등학생들의 3년간 학력평가, 모의수능, 수능 성적을 추적해보면 나이키 상표를 X축을 기준으로 뒤집어 놓은 모양이 되기 때문이다. 이유는 간단하다. 시험을 보는 모집단이 달라지기 때문이다. 학력평가는 재학생만 응시한다. 하지만 모의수능(3학년 6월, 9월)부터는 재수, 반수생이 들어온다. 또 수능 당일 수능 성적이 중요하지 않은 수험생들은 시험장에 나타나지 않는다.

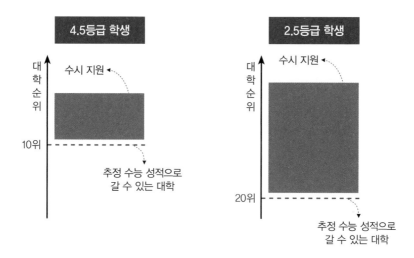

자, 학생의 정시 지원 가능 예측 대학을 확인했다고 치자. 이해하기 쉽게 숫자로 설명하겠다. 학생의 성적으로 예측했더니 16위 정도 대학에 갈 수가 있다. 그럼 학생은 수시에서 16위 위로 지원해야 한다. 학생의 성적이나 기타 다른 것이 어떻든 16위 이상에 지원해야 한다. 그런 다음 어떤 전형이 유리할지를 고민해야 한다.

학생이 정시로 10위 대학에 갈 수 있는데 내신이 4.5등급이면 10위 이상의 대학에서 수시 전형으로 학생과 학교가 잘할 수 있는 걸 택해야 한다. 만약 내신이 2등급인데 정시로 20위 대학에 갈 수 있다면, 학생은 내신만 믿고 무조건 상향으로 지원할 게 아니라 20위 이상의 대학 중에서 스펙트럼(위아래 폭)을 넓게 가져가야 한다. 재수까지 각오한다면 달라질 수 있다.

성적을 올리려면 '습'을 해야 한다

최고의 입시전략은 학생이 '자격을 갖추는 것'이다. 원하는 대학에 들어갈 수 있는 역량만 갖추면 대입 전략을 짜느라 골머리를 앓지 않아도 된다. 말은 쉽다. 그런데 대부분은 자격 미달이다. 폄하하는 게 아니다. 거기에는 심리적 기제가 깔려 있기 때문이다.

인간은 더 많은 걸 갈망한다. 원하는 위치가 되면 더 높은 위치를 원한다. SKY를 가고 싶었는데 점수가 좋으면 의대를 갈망한다. 의대 점수가 나오면 메이저 의대를 갈망한다. 메이저 의대에서도 더 높은 곳으로 가려고 갈망한다. 인간은 만족을 모른다. 어쩌면 만족을 잘했던 인간은 자연선택을 받지 못했을 수도 있다.

어쨌든 최선의 입시 전략은 원하는 대학에 맞는 자격을 갖추는 것이다. 핵심은 '자기주도학습'이다. 자기주도학습이란 말은 세 가지 요소로 되어 있다. '배운다(학)', '익힌다(습)', '스스로(자기주도)'. 누군가의 도움을 받아 배우고, 스스로 익히는 것이다. 문제는 배움이 전혀 없거나 또는 배움만이 주를 이룰 때 벌어진다. '양질전화'란 말이 있다. 양이 쌓여야 질적인 변화를 할 수 있다. 성장은 계단식이다. 하지만 전자는 배움이 없어 양을 쌓지 못한다. 후자는 배움만이 주가 되고 자기화가 되지 않아서 배움은 있으되 밑 빠진 독에 물 붓기처럼 양이 좀체 늘어나지 않는다. 질적 변화를 위한 양을 쌓지 못한다.

그래서 누군가에게 배워 스스로 익히는 것이 중요하다. 안타까운 건 고3이 되어도 배움에만 치중하는 경우다. 가만히 앉아 하루 종일 멍하니 인터넷 강의만 듣고 있다. 수동적으로 끌려가니 항상 피곤하다. 배움이 내 것이 되지 못한다. 고3에서의 학습은 필요한 부분을 선택해서 듣고, 많은 시간을 스스로 익히는 데 두어야 한다.

서울대에 진학한 학생들의 학습시간을 조사한 신문기사가 있었다. 하루 학습시간은 대부분의 고등학생과 큰 차이가 없었다. 당연하다. 인간 누구에게나 하루에 주어진 시간은 24시간이다. 그리고 과거처럼 '사당오락'이란 말은 없다. '4시간 자면 붙고 5시간 자면 떨어진다'는 더 이상 통용되지 않는다. 적절하게 수면을 취하면서 학습 리듬을 챙긴다. 그래서 학습시간에는 차이가 없다. 하지만 학습시간 중 자기주도학습 시간의 비중에서 큰 차이를 보였다.

주어진 대입 전형에서 성공하려면 과감한 도전이 필요하다. 그렇지만 과감함의 탈을 쓴 무모함은 경계해야 한다. 과감함과 무모함을 가르는 기준은 수능 성적에 있다고 본다. 앞서 설명한 것처럼 수능 성적은 수시 지원의 기준점이 되기 때문이다. 수시에서는 합격 가능성을 예측하기 어렵다. 매해 조금씩의 변화가 어떤 커다란 흐름을 만들어낼 줄 모르기 때문이다. 하지만 수능 성적이 밝게 타오르고 있다면, 그것에 의지해 과감하게 도전을 할 수 있으며 그 과정에서 생각지도 못한 성공을 맛볼 수 있다.

수능 성적을 올리기 위해서는 자기주도적으로 학습하는 습관이 필요하다. 즉 하루 공부 중 많은 시간을 자기주도학습에 할애할 수 있어야 한다. 이것이 수험생의 기본 방향이다. 이를 바탕으로 각 전형별 전략이 더해질 때 좋은 결과가 있을 것이다.

눈앞의 이익에만 매몰되지 말자

자기주도학습이 중요하기에 교과 시간에 수업은 안 듣고 대입 관련 자기 공부에만 열중하는 학생이 있다. 더 나아가 학교 수업은 대입에 도움이 안 된다며 자퇴를 하고 학원으로 가는 학생도 늘어나고 있다. 그들을 무작정 비난할 수는 없다. 그들을 그렇게 내몰게 된 건 '대학'이 인생에서 가장 중요한 것으로 자리 잡게 된 사회풍조 때문이다. 또 좋은 대학과 좋은 학과를 나오면 돈과 명예를 동시에 쥘 수 있다는 인식도 한몫을 했다.

어렸을 때는 "너 몇 살이야?"로 서열 정리가 되었다면, 커서는 "너 어느 대학 출신이야?"로 서열이 정리된다. 대입 서열이 높은 대학을 나온 사람들은 출신 대학만으로도 '자신감과 자부심'을 갖게 되고, 반대의 경우에는 '열등감과 주눅'이 무의식적으로 자신을 지배한다.

과거에는 이런 인식이 통했다. 좋은 대학을 나오면, 라이센스를 가지고 있으면 좋은 직장과 사회적 명성, 경제적 안정을 누릴 수 있었다. 하지만 앞으로도 이것이 가능할까라 묻는다면 쉽게 답하기는 힘들다. 1300년대 사람이 '100년, 200년 후 세상은 어떤 모습일까?'라는 질문에 답하는 것이, 오늘을 사는 사람이 '10년, 20년 후 세상은 어떤 모습일까?'에 답하는 것보다 쉬워 보인다. 과거 100년, 200년의 사회변화보다 오늘날 10년, 20년의 사회변화가 더 심하다.

블루칼라는 로봇에 의해 대체되고 있고, 화이트칼라는 AI에 의해 대체되고 있다. 과거 부모 세대가 겪었던 사회경제의 룰과 다음 세대에서 벌어질 룰은 엄연히 다를 거다. 부모 세대의 가치관과 역량이 앞으로 학생들에게 펼쳐질 미래사회에서 버팀목이 되기에는 부족해 보인다. 이러한 사회변화를 보여주는 두 가지 단적인 사례가 있다.

하나는 지식의 가치다. 과거에는 머릿속에 얼마나 많은 지식을 가지고 있느냐가 중요했다. 환자의 마음을 헤아리는 사람보다는 고전시가를 달달 외운 사람에게 의사의 자격을 부여했다. 하지만 요즘에는 지식의 활용을 중요하게 여긴다. 문제를 인식하고 지식을 활용해 해결하는 능력이 무엇보다 중요해졌다.

채용시장도 변하고 있다. 과거에는 상반기·하반기 대규모 채용시장이 형성되었다면, 이젠 수시로 필요한 인재를 영입하는 방식으로 변하고 있다. 학벌 중심에서 개인 역량 중심으로 바뀌고 있는 것이다.

대입에 목숨을 거는 건 대학 졸업 후의 사회생활을 위한 이유가 크다. 하지만 많은 사람이 대입에 함몰되어 근시안적으로 당장의 이익에 격렬히 반응하고 있다. 다양한 교육활동으로 자신을 알아가고, 재능과 흥미를 키워가고, 타인과 협업할 수 있는 역량을 기를 수 있는데, 그러한 기회를 눈앞의 이익 때문에 날려버린다.

따라서 대입을 준비하더라도 결국 우리에게 중요한 건 대학 졸업 후의 삶이라는 걸 잊지 않았으면 한다. 그리고 그 사회는 과거와, 또 오늘날과는 다른 모습으로 다가올 것이다.

다음 장은 대입 전형별 특징과 전략을 담고 있다. 앞서 밝힌 것처럼 수험생이 처해 있는 상황은 제각각이기 때문에 이 책에서 맞춤식 전략을 짠다는 것은 무모한 일이다. 누구에게는 맞춤식 전략이 될 수 있지만, 누구에게는 그것이 독이 될 수 있기 때문이다.

또 특정 사례는 들지 않았다. 사례를 들면 내용보다는 사례에 집중하게 되고 그것이 전부인 양 생각하는 경향이 있기 때문이다. 하지만 전형별 특징과 맥락을 이해하다 보면 내가, 우리 아이가, 우리반 학생이 무엇을 해야 하고, 무엇을 하지 말아야 하는지 그려질 거다. 이런 밑그림을 바탕으로 학생, 학부모, 교사가 학생의 대입 전략을 구체화시켜야 한다. 필요하다면 사교육의 도움을 받을 수 있다. 단, 사교육은 '부'가 되는 것이지 '주'가 되어서는 안 된다.

수능은 왜 11월 셋째 주,
그리고 목요일에 볼까?

수능을 왜 목요일에 치르는지에 관한 몇 가지 풍문이 돌았다. 수능을 본 학생들이 밤새 자살할 수 있다. 그래서 다음 날 학생들을 등교시켜야 누가 자살했는지 확인할 수 있다. 또 목요일에 수능을 봐야 금요일에 학교에서 가채점을 할 수 있다. 다시 질문을 해보자. '수능을 왜 11월 셋째 주에 보는가, 그리고 왜 목요일에 보는가?' 이 문제는 누가 목소리를 수렴하고 행정실무를 담당하고 있는지를 보면 쉽게 풀린다. 그것은 교육부다.

수능은 고등학교 3년 과정을 범위로 하기 때문에 12월 말 이후에 보는 것이 맞다. 하지만 대학의 입장도 반영해야 한다. 대학은 1월에 정시 전형을 해야 하기에 수시모집을 어떻게든 12월 안에 마무리지어야 한다. 그런데 문제는 일부 수시 전형에 수능 성적이 필요하다는 것이다. 그래서 최소한 12월 중순 전에는 수능 성적이 나와야 한다.

'그럼 12월 초에 수능을 보면 되겠네!'라고 생각하기 쉽지만 여기서 교육과정평가원이 의견을 낸다. 성적 처리하는 데 3주 정도는 여유 기간이 필요하다고 한다. 성적 처리야 2~3일 내에 끝낼 수도 있지만 마킹 오류 답안지를 수작업으로 확인해야 한다는 게 문제다. 0점이 나온 답안지도 확인해야 한다. 성적 처리에 오류가 없어야 하기 때문이다.

수능 정답에 대한 이의 신청도 받아야 한다. 수능도 사람이 하는 일이라 가끔 오류가 발생한다. 대학 교수와 일선 교사들이 한 달간 어딘가에 갇혀 출제하고 검토해도 한계는 있다. 이의 신청이 들어오면 출제자 및 검토자들이 모여 회의를 한다. 대부분 문제 없음으로 마무리되지만 사안에 따라 복수정답으로 인정하는 경우도 있다. 또 2021학년도 수능 생명과학처럼 재판으로 해결되는 경우도 있다.

교육부는 이 모든 것을 감안해 11월 셋째 주에 수능을 보는 것으로 결정했다. 이 이상 뒤로 늦추는 것은 어려울 거다. 대학의 저항이 완강하기 때문이다. 수능 이후 고3 학사 운영의 어려움과 학생들의 탈선 등으로 몇 년 전 교육부에서는 단계적으로 수능을 12월로 옮기려고 했다. 그때도 대학이 반발했다.

그럼 왜 목요일에 볼까?

수능은 보안이 생명이다. 따라서 세종시에서 시험지가 인쇄되고 나가는 순간부터 보안에 더 신경써야 한다. 따라서 주말에 시험지가 외부에 있다면 위험이 크다. 시험지가 교육청 및 지원청에 도착하면 확인 및 분류 작업을 해야 한다. 작업이 마무리되었다고 해서 일선 학교(시험장)로 보내면 안 된다. 시험지가 각 학교에 뿌려져 다음 날 시험일까지 보관하면 보안이 가장 취약해진다. 따라서 하루 정도는 교육청 및 교육지원청에 있는 것이 낫다. 일선 학교는 시험 당일 새벽 5시 경찰의 입회하에 시험지를 인계받는다.

이런 점을 감안하면 시험지를 월요일 이후 세종시에서 배송해서 수능은 목요일이나 금요일에 보는 것이 적당하다. 그런데 금요일에 보게 되면 학생들의 답안지 배송이 어려워진다. 따라서 교육부는 수능을 목요일에 보는 것이 가장 적절하다고 판단한다.

2장

자세히 보는 대입:

전형별로 알고 준비하기

학생부 위주(교과) 전형

학생부 교과 전형을 인터넷에 검색해본다. 검색창 목록에 '학생부 교과 종합의 차이'가 뜬다. 연관 검색어도 마찬가지다. A를 설명하기 위해 A만 이야기하다 보면 이해가 잘 안 될 때가 있다. 이럴 때는 A와 B를 비교해서 설명하면 쉽게 이해된다. 그래서 학생부 교과 전형을 학생부 종합 전형과 비교하면서 설명하고자 한다.

학생부 교과 전형과 학생부 종합 전형은 둘 다 학생부를 기반으로 학생을 평가한다는 점에서는 같다. 하지만 평가 방법, 적용 교과, 활용 대학 그룹 등에서 차이가 난다.

교과 전형은 정량평가를 한다. 정량평가는 학생부에 나와 있는 수치를 가지고 평가하는 것을 말한다. 그래서 수치화될 수 있는 내신이

학생부 교과 전형 vs. 학생부 종합 전형			
구분		교과 전형	학종 전형
공통점		학생부가 평가 도구	
차이점	평가방법	내신 등 정량평가	정성평가
	적용과목	대학에 따라 상이	전 과목
	전형유형	①교과100 ②교과+비교과 ③교과+면접 ④교과+서류	①서류100 ②서류+면접
	활용대학	주로 중하위권 ※지역균형 전형	주로 중상위권
	전공(계열)적합성	무관	중요
	성적상승곡선	다소 불리	유리
	수능 최저	적용 대학 많음	적용 대학 적음

나 출결, 봉사활동 시간 등을 활용한다. 이 중 내신이 가장 중요하며, 출결이나 봉사활동 시간은 불성실한 학생을 걸러내기 위한 수단으로 활용된다. 학종 전형은 정성평가를 한다. 정성평가는 수치뿐만 아니라 그 외 기록들을 활용해 종합적으로 평가하는 것을 말한다.

두 전형은 적용과목에서도 차이가 난다. 교과 전형에서 모든 과목을 적용하는 대학도 있지만 그렇지 않고 선별적으로 적용하는 대학도 있다. 반면 학종 전형은 전 과목를 다 활용해서 학생을 종합적으로 평가한다. 예를 들어 주요 과목 성적은 다 좋은데 그 외 과목은 버리는 정도의 수준이라면 입학사정관들은 이를 두고 많은 고민을 한다. 그리고 대개 부정적 평가를 내린다.

교과 전형 유형에서는 ① 교과 100%, ② 교과+비교과(출결, 봉사시간 등), ③ 교과+면접 ③ 교과+서류 등이 있다. 종합 전형 유형에는 ① 서류 100%, ② 서류+면접 등이 있다.

교과 전형을 활용하는 대학은 주로 중하위권 대학이나 지방대다. 그리고 특별히 수도권 대학에서는 교과 전형으로 10% 이상 선발해야 하는 지역균형 전형도 있다. 학종 전형은 주로 중상위권 대학에서 많이 활용한다.

'전공(계열)적합성'이란 용어를 들어봤을 것이다. 그래서 대학의 특정 학과를 지원하기 위해 학년별로 어떤 과목을 들어야 하는지 고민하게 된다. 하지만 이는 교과 전형에서는 필요없다. 생명과학을 듣지 않더라도 생명과학과에 진학할 수 있다. 과학 교과의 성적만 있으면 된다. 또는 없어도 된다. 반면 학종 전형에서는 전공(계열)적합성이 무엇보다 중요하다.

입학사정관에게 학종 관련 이런 질문을 했다. "성적이 1학년 때부터 1등급으로 계속 유지한 학생과 3등급, 2등급, 1등급으로 상승한 학생 중 어떤 학생을 더 좋게 보는가?" 입학사정관이 말했다. "둘 다 좋은데요." 1학년 때 등급은 정말 형편없었지만 점점 성적을 끌어올려 3학년 때 가장 좋은 성적을 받은 학생은 학종 전형에서 긍정적으로 평가

내신 비율에 따른 등급 산출								
등급	1	2	3	4	5	6	7	8	9
등급 비율	4%	7%	12%	17%	20%	17%	12%	7%	4%
누적 비율	~4%	~11%	~23%	~40%	~60%	~77%	~89%	~96%	~100%

받는다. 하지만 교과 전형에서는 다르다. 이 학생은 3학년 때 가장 좋았을지 몰라도 3년 전체 평균을 보면 등급이 안 좋다. 또 1학년 때 안 좋은 교과 성적 때문에 환산점수에서 낮은 점수를 받을 수밖에 없다. 너무 단순하게 생각한 것이 아닌가 할 수 있다. 하지만 이는 사람들의 심리기제와 연관이 되어 있다. 사람들은 현재의 관점에서 과거를 평가하고 미래를 생각하는 경향이 있다. 3학년 때 내신을 가장 잘 받았다면 3학년 때의 관점에서 대학을 바라볼 것이고, 그러면 1, 2학년 때 부족했던 내신에 안타까워할 것이다. 그때 후회가 밀려온다.

수능 최저 등급을 보면 교과 전형에서는 적용하는 대학이 많지만, 학종 전형에서는 적은 편이다. 이는 두 전형의 본질적 차이에서 기인한 것이다. 교과 전형은 주로 내신만으로 학생을 선발하기 때문에 학생 평가에서 왜곡이 생길 수 있다. 반면 종합 전형은 학생을 종합적으로 판단하기 때문에 더 이상의 평가도구를 필요로 하지 않는다.

참고로 교과 전형은 주로 내신 등급을 반영하며, 내신 등급별 비율을 보면 앞의 표와 같다.

자, 이제 이를 바탕으로 학생부 위주(교과) 전형에 대해 자세히 알아보자.

대학은 성적을 가려 뽑는다

교과 전형을 이해하기 위해서는 현 고등학교의 교육과정 편제를 알아둘 필요가 있다. 그래야 인터넷이나 유튜브 여기저기에서, 또는 대입 설명회나 담임교사와의 상담에서 듣게 되는 정보들을 쉽게 받아들일 수 있다.

2015 개정 교육과정 교과편제

교과

보통교과			전문교과	
	선택과목		전문교과 I	전문교과 II
공통과목	일반선택	진로선택		
			특수목적고	

9등급 평가 (상대평가) ⟷ 공통과목, 일반선택
3단계 평가(ABC) (절대평가) ⟷ 진로선택

현재 고등학교의 교육과정은 2015년에 개정되었다. 교과를 크게 보통교과와 전문교과로 나눈다. 보통교과에는 공통과목과 선택과목이 있고, 선택과목에는 일반선택과 진로선택이 있다. 전문교과는 특목고, 특성화고에서 배우는 교과로 전문교과Ⅰ, 전문교과Ⅱ로 나뉜다.

다시 대입의 이야기로 가보자. 학생부 교과 전형을 치르는 대학은 자신들의 대입 서열상의 위치에 맞게 학생들을 타깃팅을 해야 한다. 등급이 우수한 학생을 뽑고 싶지만, 그들을 더 높은 순위의 대학에서 데려가 버린다. 그래서 대학 순위가 내려갈수록 반영교과에 조건을 붙인다.

예를 들면 이렇다. 최상위 그룹의 대학은 과목을 모두 반영한다. 그다음 그룹은 '국(어), 수(학), 영(어), 사(회), 과(학)'다. 대학교에 따라 인문계열은 사회를, 자연계열은 과학을 지정하기도 한다. 그다음 그룹은 국, 수, 영, 사, 과 중에서 상위 10과목, 또는 교과별 상위 3개 등으로 조건을 단다. 이렇게 하는 이유는 지원하는 풀에서 그나마 나은 학생을 선발하고자 함이다.

예전에는 학년별 반영비율도 달랐다. 대개 3학년 비중이 가장 높았다. 당연하다. 같은 값이면 상승세의 학생이 좋다. 그런데 이렇게 반영하는 건 이제 어려워지고 있다. 2, 3학년에서는 진로 선택과목의 비중이 늘어나고 있으며 진로 선택과목은 상대평가가 아닌 ABC 절대평가이기 때문이다. 학년별 반영비율의 의미가 퇴색되고 있다.

어떤 학교 교사는 학생들을 위한다는 명목하에 진로선택과목의 시

교과 전형의 일반적인 반영 교과				
반영 교과	상위 10과목	과목별 상위 3과목	국수영사/과	전 과목
대학 순위	중하위권 ←——————————————→ 상위권			

험을 쉽게 낸다. 학생 중 절반 이상이 A이다. 어떤 학교 교사는 어렵게 낸다. 5%만 A다. 대학은 고민한다. '진로선택과목, 이건 또 어떻게 적용해야 하나?'

학생 선택권 강화와 진로선택과목

시대의 변화에 따라 인재상도 변한다. 그에 따라 교육과정도 변한다. 현 교육과정은 2015년에 만들어져 '2015 개정 교육과정'이라고 한다. 2015 개정 교육과정의 핵심 중 하나는 '학생의 선택권을 강화한다'는 것이다. 학생들은 공통과목을 듣고 일반선택과 진로선택과목에서 자신이 원하는 것을 수강하게 된다.

문제는 학생들의 진로가 다양하기 때문에 과목에 따라 수강하는 학생들의 수가 다르다는 거다. 대입에 많은 에너지를 쏟고 있는 수험생 입장에서는 신청 인원수가 적은 과목은 피하게 된다. 좋은 성적을 받기가 불리하기 때문이다. 그러면 진로선택과목의 취지는 퇴색된다.

진로선택과목					
원점수에 따른 성취도 평정		성적 표기 방법(학생부)			
		단위수	원점수/ 과목평균	성취도 (수강자수)	성취수준 (학생비율)
A B C 100점 80점 60점 0점		3	92/75	A (432)	A(33.0) B(32.3) C(34.7)

그래서 고육책으로 만든 것이 절대평가다. ABC의 3단계로 평가한다.

이젠 대학이 곤혹스럽다. 특히 교과 전형을 어떻게 운영해야 하나 고민된다. 상대평가로 받은 등급도 학교나 지역에 따라 의미가 달라 해석이 어려운데, 이젠 출제 난이도에 큰 영향을 받는 절대평가 A, B, C 등급도 해석해야 한다. 이에 대학들은 몇 가지 모습으로 대응했다.

많은 대학은 '반영 안 해!'라고 했으나, 반영하는 대학들이 늘어나니 조금씩 '반영해!'로 바꾸고 있다.

어떤 대학은 심플하게 간다. 'A등급이면 몇 점, B등급이면 몇 점' 하는 식이다. 아니면 가산점을 준다. 수학적으로 이를 타계한 대학도 있다. A, B, C 등급의 학생비율을 적용하는 방법을 썼다. 학종의 요소를 가미한 대학도 있다. 진로선택과목을 정성평가로 하는 것이다. 성취도가 어떻고 학생비율이 어떠하며 과목별 세부능력 특기사항이 어떤지를 종합적으로 살펴 평가하는 것이다.

구분	정량평가 + 정성평가	단순 등급 환산	가산점 반영	성취도별 분포비율 활용	미반영
내용	학생부 교과성적 + 과세특 정성평가	성취도별 특정등급으로 적용 환산	성취도별 가산점 반영	성취도별 분포비율 활용 등급 환산 성적 반영	진로선택 과목 미반영
특징	• 정성평가를 할 수 있는 인적 자원 필요 • 정성평가 결과가 캐스팅보트가 될 수 있음	• 대입지원 시 예측 가능성 높음 • 변별력 확보가 어려움	• 대입지원 시 예측 가능성 높음 • 변별력 확보 어려움	• 수험생의 상대적인 위치 파악 가능 • 선택 과목에 따른 유불리 발생	

학생부교과 전형에서 진로선택과목 반영 방법

진로선택과목은 공통과목과 일반선택과목에 비해 중요도가 낮으며, 절대평가이기 때문에 교과 전형에서 가볍게 생각하는 경향이 있다. 하지만 정시에서 영어나 한국사처럼 캐스팅보트의 역할을 하기도 한다. 이유는 단순하다. 수험생들은 자신의 내신으로 갈 수 있는 최선의 대학에 지원하려고 하기 때문이다. 그러면 지원한 학생들의 실력은 대부분 얼마 차이 나지 않을 것이다. 이땐 작은 차이가 큰 차이를 만드는 법이다. 진로선택교과가 더욱 부각되는 것이다.

진로선택과목				
구분	국어	수학	영어	사회	과학
과목	실용국어 심화국어 고전읽기	실용수학 기하 경제수학 수학과제탐구	실용영어 영어권문화 진로영어 영미문화읽기	여행지리 사회문제탐구 고전과윤리	물리학Ⅱ/화학Ⅱ 생명과학Ⅱ/지구과학Ⅱ 과학사/생활과 과학 융합과학

숫자로 쉽게 끝날 줄 알았는데 학생부 교과 전형도 복잡하다. 숫자에 감춰진 학력 차이, 대학의 성적 가려 뽑기, 2015 교육과정의 특징, 교사별 시험 난이도 차이 등의 변수를 고려하다 보니 복잡해졌다.

그렇다면 대학은 교과 성적으로 가려 뽑기만 하면 되지, 왜 면접을 보거나 수능 최저 등급을 설정할까?

왜 면접을 보는가, 왜 수능 최저가 있는가

대입 전형에서 활용되는 자료 중 가장 신뢰하기 어려운 것이 내신이다. 내신은 숫자로 표현되니까 가장 명확하고 객관적이지 않은가? 아니다. 숫자의 명확성과 객관성은 있지만 숫자가 산출되는 밑바탕이 다 다르다.

극단적 예를 들어보겠다. 이건 특정 지역을 비하하는 게 아니다. 극단적 예를 위해 과장을 하겠다.

A라는 학교가 있다. 시골에 있다. 한 학년이 50명이다. 그런데 수확기가 돼서 많은 학생이 일손을 돕고 있다. 요즘에는 인건비도 비싸고 코로나19 때문에 외국인 노동자도 적다. 며칠 있으면 중간고사인데 어쩔 수 없다. 또 일부 학생들은 공부에 관심이 없다. 또 어떤 학생들은 기술을 배워야 먹고살 수 있다는 부모님의 말씀을 어릴 때부터 귀에 못이 박히도록 들어왔다. 이 학교의 1, 2등급 학생은 상대적으로 수월한 경쟁 속에서 공부한다.

B라는 학교가 있다. 이 지역 학부모들은 교육열이 높다. 아니 교육열이 높은 학부모들이 계속 이사를 온다. 아이가 경쟁 속에서 충분히 견딜 수 있겠다는 판단이 들면 더 교육열이 높은 곳으로의 이사를 결정한다. 하지만 고등학교에 입학하니 경쟁이 장난이 아니다. 1학년 1학기 중간고사가 끝났다. 많은 학생이 운다. 지금까지 이런 성적을 받아보질 않았다. 부모님도 마음이 아프다. 그래서 원인을 분석하고 대책을 강구한다.

같은 등급이라도 어떤 교육 환경에 있느냐에 따라 성취도가 다르다. 대학은 이를 최소한으로 검증하고 싶어한다. 그래서 교과 전형에 덧붙이는 것이 면접과 수능 최저 등급이다.

수능 최저 등급과 경쟁률의 상관관계

수시에서 교과 전형은 경쟁률이 낮다. 왜 그럴까? '희망'을 품기가 어렵기 때문에 그렇다. 종합 전형은 학교 활동 등으로 성적을 뒤집을 수 있다고 생각한다. 논술 전형은 수능 최저 등급을 맞추고 당일 논술을 잘 보면 합격이 가능하다고 생각한다. 실기 전형은 원래 경쟁률이 높다. 하지만 교과 전형은 누적된 데이터에 의한 합격선이라는 게 있다. 그래서 2년 반 동안 받은 내신을 뒤집을 수 있는 방법이 없다. 변수를 꼽자면 대학별 교과 전형의 변경사항과 수능최저 등급, 또는 면접 정도다.

대학에서 대입을 치르기 2년 전 '대입 전형 시행계획'을 발표한다. 대입에 관심 있는 사람들은 이때 가장 바쁘다. 또 나름 골몰히 분석을 하고 전략을 세운다. 교과 전형에서 뽑는 인원수의 변경, 교과 전형의 신설과 폐지, 평가방법 변경, 수능 최저 등급 변경 등을 유심히 살피고 앞으로 있을 대입의 변화를 예측한다. 그리고 격전지로 예상되는 곳, 소위 빵꾸가 생길 곳 등에 대해 토론한다. 이럴 때 수험생들은 다소 낮은 내신이더라도 희망을 품기도 한다. 하지만 그렇더라도 이전과 비교해 얼토당토않게 합격하는 것은 아니다. 연초에 사주를 봤더니 대운이 들었다고 하면 모르겠다.

교과 전형에서 성적이 다소 불리한 학생들은 수능 최저 등급이 설정되어 있는 대학을 노린다. 최저 등급을 충족하게 되면 합격의 가능성이 생기기 때문이다. 수능 최저 등급이 있는 대학과 없는 대학의 교과 전형 경쟁률을 비교해보면 차이가 난다. 최저 등급이 있는 대학이 경쟁률이 높다. 경쟁률이 높은 만큼 입결(입시결과)이 올라가는(좋아지는) 것은 아니다. 최저 등급이라는 허들이 있기에 오르는 데는 한계가 있고, 허들이 없는 대학보다 입결이 낮다(성적이 좋은 편이 아니다). 그래서 대학의 교과 전형 입결을 비교해보면 우리가 알고 있던 대학 순위와 다를 때가 있다. 그땐 수능 최저 등급이라는 잣대를 넣으면 쉽게 이해가 된다.

2023학년도 대입 결과 중 일부를 표로 구성했다. 지역균형 전형에서 수능 최저 등급 유무에 따라 대학을 비교해봤다. 고려대와 한양대를 보면 한양대가 등록자의 내신 평균 등급이 좋다. 수능 최저 등급으로 걸러지지 않아서 그렇다.

2023학년도 대입 지역균형 전형(학생부교과) 수능 최저 등급 유무에 따른 비교

대학	경쟁률	등록자평균	전형방법	수능 최저 유무	추천 인원 제한
고려대	11.09:1	1.67	교과80+서류20	O	O
한양대	8.09:1	1.42	교과100	X	O
중앙대	12.86:1	1.99	교과100	O	O
건국대	26.62:1	1.91	교과70+서류30	X	X

* 『2024 수박먹고 대학간다』(박권우 지음, 리빙북스) 참고

다음으로 중앙대와 건국대를 보자. 등록자 평균 내신이 건국대가 더 좋다. 역시 건국대에는 수능 최저 등급이 없다. 앞에서 수능 최저 등급을 설정하지 않으면 경쟁률이 낮아진다고 했다. 그런데 건국대는 26.62:1이다. 여기에는 네 가지 이유가 있다. 첫째, 학교장 추천 인원의 제한이 없다. 둘째, 서류30에서 변별력이 생길 것이라는 기대로 지원한 학생들이 많다. 셋째, KU지역균형의 전신은 KU학교추천이었고, 그 이전에는 교과 전형이었다. 지방 중소도시의 일반고 최상위권 학생들이 줄곧 써오던 전형이었다. 마지막은 지리적 위치다. 건국대는 서울의 강북과 강남 학생들 모두에게 편리한 접근성을 보장한다.

지금까지 설명한 내용을 바탕으로 하면 이런 모델이 만들어진다.

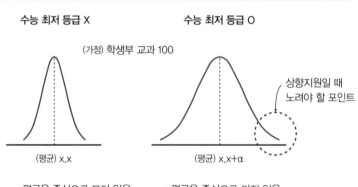

비슷한 수준의 대학에서 교과 전형 수능 최저 등급 설정 유무에 따른 합격자 분포(추정 모델)

수능 최저 등급 X

(가정) 학생부 교과 100

(평균) x.x

• 평균을 중심으로 모여 있음
• 합격선 예측 가능성 ↑

수능 최저 등급 O

상향지원일 때 노려야 할 포인트

(평균) x.x+α

• 평균을 중심으로 퍼져 있음
• 수능 최저 등급이 높을수록 더 퍼질 수 있음
• 합격선 예측 가능성 (상대적으로) ↓

수능 최저 등급의 열쇠는 영어영역이 쥐고 있다

수능 최저 등급을 맞추는 건 어렵다. 그래서 대학들도 조금씩 그 기준을 낮추고 있다. 그럼 왜 수능 최저 등급을 맞추기가 어려울까?

크게 두 가지를 꼽을 수 있다. 첫째는 수험생의 감소다. 수험생은 갈수록 줄고 있다. 등급을 잘 받은 학생들의 숫자도 줄고 있다. 둘째는 반수생의 증가다. 수능을 보는 학생 중 재수생 비율은 30%를 넘고 있다. 서울의 주요 대학 정시 합격생 중 재수생의 비율이 70%에 육박하고 있다. 여기에는 조금이라도 더 높은 대학이나 학과에 가고자 하는 반수생들의 증가도 한몫하고 있다.

일단 반수생은 상대적으로 뛰어나다. 그러니 대학에 입학하고 또 도전하지 않겠나. 유명 대학에 합격하고도 의대에 도전하지 않겠나. 여기에 친구 따라 강남 간다고 분위기에 휩쓸려 반수에 동참하는 학생들도 있다. 반수생들은 대학 1학기를 보내고 여름방학이나 2학기부터 수능을 준비한다. 그러니 자신이 있는 특정 영역은 잘 보고, 그렇지 않은 영역을 못 보는 경향이 있다. 들쭉날쭉하다. 이들이 상위권을 장악한, 수능에서의 특정 영역은 재학생이 뚫기가 어렵다.

그렇기 때문에 수능 영어영역이 예전보다 쉽게 출제되는지 모르겠다. 이건 끼워 맞추기 해석이다. 하지만 절대평가로 보는 영어영역 덕분에 최저 등급을 맞출 수 있는 희망이 생긴다. 만약 영어영역을 상대평가 방식으로 했다면 3등급까지의 누적 비율은 23%가 되어야 한다.

최근 수능 영어영역 3등급까지의 비율				
구분	1등급	2등급	3등급	누적
2023학년도	7.8	18.7	21.8	48.3
2022학년도	6.3	21.6	25.2	53.1
2021학년도	12.7	16.5	19.7	48.9

하지만 최근 수능 영어영역의 3등급까지 비율을 보면 거의 50%에 가깝다. 대입 관계자들은 영어영역의 난이도에 따라 수능 최저 등급 충족률이 변한다고 말한다.

재학생이 수능 최저 등급을 맞추는 것은 쉽지 않다. 그 때문에 맞춘 학생들을 중심으로 중복합격이 늘어난다. 그래서 교과 전형은 타 전형에 비해 추가합격이 많다.

추추추추추추가 합격의 바람

교과 전형을 쓰는 학생들의 약점은 수능이다. 대개 그렇다. 그래서 수능 최저 등급에 대한 부담이 크면 '면접이 있는' 교과 전형을 쓴다. 그것도 부담스러우면 '둘 다 없는' 대학으로 지원한다. 그러면 대학 레벨에 대한 욕심은 잠시 접어야 한다.

아이러니하게도 교과 전형에서 합격 열쇠는 수능이 쥐고 있다. 최저 등급을 맞추면 실질경쟁률이 1/2, 더 낮추면 1/3이 된다고 한다. 때에 따라 최저 등급 충족이, 내신에 상관없이 합격을 보장하기도 한다. 그렇기 때문에 다관왕이 가능하다. 다관왕이 가능하다는 건, 곧 다관왕으로 인해 이득을 보는 학생이 있다는 거다. 합격한 모든 대학을 다 다닐 수는 없는 노릇이기 때문이다.

교과 전형은 수능 최저 등급이 관건이기 때문에 대개 수시 6장을 위아래로 폭넓게 쓴다. 달리 말해 레벨이 높은 대학부터 낮은 대학까지 골고루 쓴다. 학교 레벨이 낮아질수록 수능 최저 등급의 기준도 약해지기에 혹시 수능을 기대만큼 못 보게 되는 상황도 고려하는 것이다. 따라서 내신이 좋은 학생이 수능을 잘 보게 되면 수시 5관왕, 6관왕도 할 수 있다.

이처럼 동시다발적 합격은 교과 전형의 특징이다. 좋은 내신에 최저 등급을 충족했다는 건 다관왕에 대한 보증수표다. 학생부 종합 전형에서도 여러 대학에 합격하는 경우도 있지만 교과 전형만큼은 아니다. 서울대에는 합격하지만 중위권 대학에는 불합격하기도 하는 게 학생부 종합 전형이다. 이외 논술 전형은 여러 개 합격이 정말 어렵다. 학교마다 문제 유형도 다르고, 문제에 대한 운도 작용하기 때문이다. 정시는 가, 나, 다군이 있지만 주요 대학은 가, 나군에 포진하고 있어 잘하면 2관왕이다.

반면 교과 전형은 다관왕이 많다. 다관왕이 빠져나간 자리를 채우

추가합격 vs. 충원합격

수시와 정시에서 최초 합격을 하지 못하고 예비 번호를 받아 이후 돌고 돌아 합격하는 경우 이를 두고 '추가합격'이란 말을 많이들 쓴다. 하지만 '추가합격'보다는 '충원합격'이 맞다. 합격을 한 사람이 등록을 포기했기 때문에 그 자리(결원)에 보충하게 되는 거다. 그렇더라도 '추가합격'이란 말이 더 친근하다.

대입에서 '추가'라는 말이 공식적으로 쓰이는 것은 2월 말에 모집공고를 내는 '추가모집'이 있다. 수시, 정시에서 모집 인원을 다 채우지 못해 추가모집을 하는 것이다.

기 위해 추가합격이 많이 발생한다. 학교 레벨이 낮아질수록 빈자리는 더 커진다. 그래서 소위 빵꾸도 자주 발생한다. 내신성적은 형편 없는데 수능 최저 충족으로 합격했다는 이야기도 종종 들린다. 이들의 업적은 후배들에게 잠자던 욕망을 깨운다. 가끔은 입시가 도박처럼 느껴진다. 그렇지만 타 전형에 비해 추가합격이 잘 된다는 건 변하지 않는 사실이다.

교과 전형은 충원률이 높다는 특징도 있지만 대입 다섯 카테고리 중 선발 비중이 가장 높다는 특징도 있다. 하지만 그 속에는 다른 의미가 숨어 있다.

가장 많은 선발 인원과 고민하게 만드는 구조

대학별 전형[학생부 위주(교과·종합), 논술 위주, 실기 위주, 수능 위주] 중 선발 인원이 가장 많은 것은 학생부 위주(교과) 전형이다. 예를 들어 2024학년도 대입 모집 인원을 보자. 2024학년도 대입 전체 모집 인원(4년제 대학)은 34만 4,296명이다. 그중 학생부 위주(교과)는 15만 4,121명으로 비율로는 44.8%에 해당한다. 두 번째로 많이 뽑는 것은 학생부 위주(종합)로 7만 9,520명 23.1%다.

이렇게 보면 대입에서 교과 전형이 가장 중요할 것이란 생각이 든다. 하지만 그렇지 않다. 희망하는 대학의 수준에 따라 수치가 달라진

2024학년도 수도권·비수도권 전형별 선발 인원			
전형유형	수도권	비수도권	계(비율)
학생부 위주(교과)	27,181(7.9%)	127,168(36.9%)	44.8%
학생부 위주(종합)	38,395(11.2%)	41,125(11.9%)	23.1%
논술 위주	9,473(2.8%)	1,741(0.5%)	3.3%
수능 위주	43,818(12.7%)	22,482(6.5%)	19.2%
실기 위주	11,070(3.2%)	16,984(4.9%)	8.1%
기타	2, 370(0.7%)	2,489(0.7%)	1.4%
합	344,296(100%)		

* 자료: 대교협 2024학년도 대교협 119 편집

다. 왜냐하면 비수도권은 교과 전형으로 많이 선발하지만 수도권은 그렇지가 않기 때문이다. 이를 서울의 중상위권 대학으로 좁혀보면 더 극명하게 드러난다. 서울의 중상위권 대학은 수능으로 가장 많이 선발하며, 다음이 종합, 교과, 논술 순이다.

그럼 지방대는 왜 교과 전형으로 학생들을 가장 많이 선발하려고 할까? 어쩔 수 없다. 실력이 뛰어난 학생들은 서울이나 수도권 주요 대학에 지원하려고 하지 굳이 지방대에 지원을 하지 않으려고 한다. 따라서 지방대를 지원하는 풀은 학업적으로 약하다. 그래서 그들을 대상으로 논술을 해봤자 의미가 없다. 또 그들을 대상으로 학종을 해봤자 학생부가 빈약하다.

그렇다고 수능 선발 비중을 늘릴 수는 없다. 수능 성적이 좋은 학생들은 지원을 하지 않을뿐더러 지원을 해서 합격을 하더라도 다른 학교로 간다. 또 수능 모집 인원을 늘리면 자연히 경쟁률 하락과 함께 입결 하락을 가져온다. 입결 하락은 대학의 위상까지 하락시킨다. 따라서 지방대의 경우 인기 학과를 제외하면 수능 위주 선발 인원은 대개 학과별로 1~3명이다. 지방거점국립대(지거국)는 예외다.

서울 소재 주요 대학들도 학생부 위주(교과)로 학생들을 뽑는다. 하지만 정작 대학은 그렇게 뽑고 싶지 않다. 내신의 숫자가 실력을 담보하지 않기 때문이다. 그래서 없앴다. 그런데 공정성, 형평성의 관점에서 보니 서울의 주요 대학을 수도권 학생들이 장악하고 있었다(주로 학생부 종합 전형). 그래서 지방 학생들에게 기회를 주고 싶었다. 이름하여

'지역균형 전형'이 탄생한 것이다. 대학별로 10% 이상 선발해야 한다.

정치적 이슈가 만들어낸 지역균형 전형

지역균형 전형과 지역인재 전형을 놓고 차별과 역차별의 논란이 많았다. 지방 학생들을 위하는 것은 있는데 그럼 수도권 학생들을 위한 것은 없느냐는 볼멘소리도 있었다.

조국사태 이후 교육부는 주요 13개 대학을 대상으로 학생부종합전형 실태조사를 실시했다. 뚜껑을 열어보니 학종에서 수도권 학생들의 합격률이 꽤나 높았다. 원인을 분석했다. 교육부는 이렇게 판단했다. '학종은 지방 학교에서 준비하는 데 어려움이 있겠다.' 하지만 지방과 수도권의 교육 환경 격차를 좁히기란 쉽지 않은 문제다. 그래서 그들을 구제해줄 수 있는 방안을 생각해야 했다.

그 결과 수도권 대학들에게 학생부 교과 위주로 선발하는 전형(지역균형 전형)을 만들고 전체 선발 인원의 10% 이상을 확보하라고 했다. 권고였다. 하지만 교육부의 돈줄에 연명하는 대학은 생존에 대한 불안 때문인지 아무리 봐도 '권고'가 '의무'로 읽혔다.

대학은 고민한다. 어쩔 수 없다. 정부의 말을 거역할 수 없다. 그럼 수능 최저 등급을 설정하자. 교육부에서 하지 말라고 하진 않았잖아. 그래서 지역균형 전형을 실시하는 대학 중 상위 대학일수록 최저 등급이 높다. 이 전형은 대개 대학에서 고등학교별 지원 인원을 제한하고 있다. 학교장의 추천을 받아야 한다. 그래서 지역균형 전형을 '학교 장추천 전형'이라고 부르기도 한다. 주로 재수생보다는 추천받기 유리한 재학생들이 지원한다.

왜 재학생이 추천받기에 유리한가? 반대로 왜 재수생이 추천받기에 불리한가? 단순하다. 재수생은 학교 정보에 취약하고, 또 재수생이라 심리적으로 다소 주눅이 들어 있다. 대개 학교장추천 전형은 다음과 같은 과정을 거친다. ① 학교장추천 공고를 낸다. ② 추천심의위원회를 한다. ③ 학교장의 결재를 받는다. ④ 학교운영위원회를 통과한다. ⑤ 최종 학교장추천 학생을 확정한다. 학교에 따라 의사결정이 다를 수도 있지만 대개 이런 과정을 거친다. 이 과정에서 재수생은 학교에서 나오는 공고를 확인하기가 어렵다. 그렇다고 학교 3학년 부장에게 전화해서 학교장추천 전형에 대해 부탁하는 것도 꺼려진다. 그래서 학교장추천 전형을 재학생들이 주로 가져가는 경향이 있다. 또 내신성적이 좋았던 졸업생들은 이미 합격을 했기에 학교장 추천을 받는 재수생이 드문 것이다.

지역균형 전형은 수능 최저 등급 설정과 추천 인원 제한 유무에 따라 대학들을 크게 네 가지로 분류한다.

뒤의 그림을 본 다음 한번 생각해보자. 어떤 대학은 왜 인원 제한을 두고, 어떤 대학은 그렇지 않은가? 지역균형 전형은 학교장의 추천을 받아야 한다. 이때 인원 제한을 두면 1차적으로 고등학교에서 지원

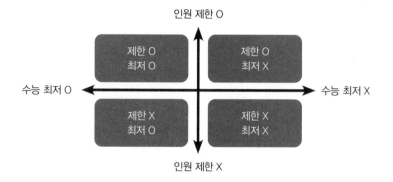

지역균형 전형 분류

인원 제한 O

제한 O
최저 O

제한 O
최저 X

수능 최저 O ← → 수능 최저 X

제한 X
최저 O

제한 X
최저 X

인원 제한 X

자가 걸러진다. 대학은 걸러진 학생들을 대상으로 전형을 치르면 된다. 하지만 중하위권 대학은 인원을 제한할 경우 걱정이 생긴다. 소위 '빵꾸'가 날 수 있기 때문이다. 인원 제한이 있는 대학의 경우 학교장 추천을 받은 학생들은 타 대학과 중복 지원을 하는 경우가 많을 것이고, 그러면 합격했더라도 순위가 높은 대학으로 다들 가버릴 것이다.

다음으로는 수능 최저다. 최저를 두는 이유는 앞에서 설명했다. 그럼 왜 최저를 두지 않는 대학도 있는가? 그건 두 가지로 생각할 수 있다. 하나는 수능 최저를 두지 않더라도 면접이나 서류 평가 등으로 검증을 할 수 있는 장치가 있기 때문이다. 다른 하나는 수능 최저 등급 설정이 의미가 적다는 판단 때문이다. 중하위권 대학의 경우 예전 교과 전형 합격생을 대상으로 수능 최저를 설정했을 때 어느 정도 충족하는지를 시뮬레이션한다. 아마 시뮬레이션을 했더니 지원풀이 약해 수능 최저 설정이 의미가 없다고 판단했을 것이다.

지역균형 전형의 지원자격에 지방 소재 고등학교 출신이어야만 한 다는 규정은 없다. 하지만 여러모로 지방고 학생을 위한 전형이라는 걸 부정할 수 없다. 전형의 태생이 지방고 학생들에게 유리한 전형을 신설해 수도권과 비수도권의 균형을 잡기 위한 것이었다. 수도권 학생 들에게 쏠려 있는 것을 균형 잡자는 의미에서 '지역균형 전형'이 된 것 이다.

지방대 육성법으로 완성된 지역인재 전형

다음은 지역균형 전형과 명칭이 비슷한 '지역인재 전형'이다. 이 전형 은 지방대 위기, 지역인재 유출 등과 관련 있다. 지방대는 위기상황에 대한 고육책으로 선발 인원 중 일부를 할당해 지역인재 전형을 만들 었다. 수도권에서 내려온 학생들은 향수병 때문인지 몇 학기 다니다 학교를 그만두는 경우가 많았다. 차라리 학업능력이 다소 낮더라도 지 역에 연고가 있는 학생을 받아들여야 학사운영이나 재정적 안정성, 또 지역의 발전에 도움이 된다. 그래서 지방 대학교의 사정과 평가 역량, 우수학생 유치 전략에 따라 교과나 학생부 종합 전형 중심으로 만들 었다.

2024학년도 지역인재 전형 전형별 선발 인원 및 비율						
구분	교과	종합	논술	실기	수능	합계
인원(명)	18,111	5,141	35	83	469	23,839
비율(%)	76.0	21.6	0.1	0.3	2.0	100

* 자료: 대교협 2024학년도 대교협 119 편집

이 전형은 한 가지 재미난 점이 있다. 많은 학과가 미달이거나 경쟁률이 6:1이 넘지 않는다는 것이다. 수시를 최대 6회 지원할 수 있기 때문에 6:1은 사실상 미달이다. 하지만 일부 학과는 치열하다. 의대, 치대, 한의대, 약대, 수의대, 간호대 등이다. 어떤 학부모는 자녀의 의대 진학을 위해 지방의 고등학교로 아이를 진학시키기도 한다. 일반적인 방법 외에 지역인재 전형을 추가로 활용할 수 있기 때문이다. 지역인재 전형은 지원풀이 상대적으로 약하다.

일부 대학의 경우 이를 방지하기 위해 지원 자격에 지역고가 아닌 지역중 출신으로 명시를 해놨다. 옵션으로 부모 거주 유무를 체크하기도 한다. 일부 학과에 편중된 인기와 지역인재 전형의 악용에 따라 '지방대학 및 지역균형인재 육성에 관한 법률 시행령'이 만들어졌다. 보통 이 법안을 줄여 '지방대 육성법'이라 부른다.

먼저 자격 요건을 강화했다.

「지방대학 및 지역균형인재 육성에 관한 법률 시행령」 일부개정안

2) 지역인재 요건 구체화

- 지역인재로 선발되기 위하여는, ① 지방 소재 중학교에서 모든 과정 (입학~졸업)을 이수하고, ② 해당 지방대학이 소재한 지역의 고등학교 에서 모든 과정(입학~졸업)을 이수하여야 한다.
- 해당 요건은 2022학년도 중학교에 입학하는 학생부터 적용된다.

여기서 첫 번째 조건 ①에 '해당 지방대학이 소재한 지역'이란 말이 없다. 그냥 '지방 소재 중학교'라고 나와 있다. 그 말인즉슨 경남 소재 중학교를 입학, 졸업을 하고 전북에 있는 고등학교에 입학해서 모든 과정을 이수하면 전라권의 지역인재 전형에 지원할 수 있다는 것이다. 2022학년도 중학교에 입학한 학생부터 적용되니 대입에서 보면 2028학년도 대입이 되겠다.

다음으로 지역인재선발 비율을 '권고'에서 '의무'로 강화했다. 법에는 지역인재 '최소 입학 비율'로 규정하고 있다. 그러면 40%를 지역인재로 채워야 하기에 애초 미충원 인원까지 고려해서 의무 비율보다 모집 인원을 더 늘릴 수도 있다. 아니면 수시 지역인재 전형으로 미충원될 경우 정시 지역인재 전형이나 추가모집 등으로 인원을 돌려 최소 입학 비율을 맞추려고 할 것이다.

하지만 지방에서 TV를 보면 "지역인재 전형을 실시함에도 우리 지

지역의 범위 및 지역인재 선발 비율			
해당 지역	범위	의·치·한·약	간호
충청권	대전, 세종, 충남, 충북	40	30
호남권	광주, 전남, 전북	40	30
대구·경북권	대구, 경북	40	30
부산·울산·경남권	부산, 울산, 경남	40	30
강원권	강원	20	15
제주권	제주	20	15

* 수의대는 미포함
* 2023학년도 대입부터 적용

역의 인재들이 수도권으로 떠나고 있습니다. 벚꽃 피는 순서대로 문을 닫는 대학이 생긴다는 말이 실현되고 있습니다." 하는 뉴스가 나오곤 한다. 지역인재 전형으로 의대, 치대, 한의대, 약대, 간호학과에 입학한 학생들이 졸업하면 이런 말이 나올지 모르겠다. "그들도 세상을 뜨는 구나!"

학생부 위주(교과) 전형 준비하기

학생을 자신의 아들이나 딸이라 생각하면 학생을 대하는 게 달라진다. 대입도 마찬가지다. 하나의 일거리나 실적이 아니라 아이의 현재와 미래를 생각하면 접근하는 태도가 달라진다.

　2022년 1월 대장암 진단을 받았다. 앞으로 어떻게 할 것이지 결정해야 했다. 어느 병원에서 누구에게 치료를 받을 것인가도 중요한 문제였다. 그때 한 의사와 통화를 했다. 자신의 환자가 아님에도 정말 친절하고 자세하게 설명해주었다. 난 단도직입적으로 물었다. "만약 의사 선생님의 가족이라면 어떻게 하시겠습니까?" 난 의사 선생님이 그렇게 하겠다고 하는 방향을 따랐다. 학생들과 대입 상담을 할 때도 고민한다. 만약 내 아이라면 어떻게 할까? 그리곤 생각을 나눈다.

각 전형별 설명 뒤에 어떻게 준비해야 할지에 대해 담았다. 이는 한때 진학에 몸담았던 사람의 입장에서가 아니라 철저히 '내 아이라면 난 어떻게 할까'를 중심으로 기술하려고 한다. 그래서 공식적으로 하지 못하는 이야기도 있을 것이다. 또 특정 상황에서는 적용될 수 없는 것도 있을 것이다.

사람의 성향을 거스르는 결정은 많은 에너지가 소모되며 각종 스트레스가 동반된다. 그래서 학생의 대입을 준비할 때도 학생의 성향을 파악하는 게 중요하다. 수업을 열심히 듣는가, 수업 외 학교 활동에 적극적인가, 수능에 강점을 보일 만한 소질이 있는가 등이다. 이 모든 것 중 하나도 뚜렷하게 보이지 않는 경우도 있을 것이다. 그러면 가장 아닌 것부터 하나씩 제거하면 된다.

학생의 성향을 파악했다면 다음은 지역의 성향도 봐야 한다. 학생이 거주하고 있는 지역에 있는 고등학교들은 대입의 대표적인 다섯 전형 중 어떤 전형으로 대학을 많이 보내고 있는지, 학교에는 어떤 프로그램이 있고 학생들을 학생부 종합 전형으로 준비시켜줄 수 있는 역량이 있는지, 주변에 학원가가 많아 수능 및 논술 준비를 시킬 수 있는지 등도 체크해봐야 한다.

교과 전형으로 대학에 보내고 싶은데 거주하는 지역이 소위 교육 특구일 경우, 학생부 종합 전형을 준비시키고 싶은데 주변 학교는 그럴 만한 역량이 안 되는 경우, 또는 상위권 학생들만 관리해주는 경우, 수능과 논술로 보내고 싶은데 학습 분위기가 느슨하거나 수능과 논술을 분석하는 교사가 거의 없는 경우 등은 고등학교 진학을 심각하게 고민을 하게 만든다.

지금부터 학생부 위주(교과) 전형을 어떻게 준비할 것인지 살펴보자.

좋은 내신의 필요충분조건

교과 전형의 핵심은 학생이 열심히 해서 좋은 내신을 받는 것이다. 많은 학부모는 내신을 관리하기 위해 학원을 먼저 생각한다. 물론 학원이 내신 관리에 도움을 주는 면도 있다. 하지만 '양날의 검'이 될 수 있다. 학원을 다니면 학교에서 배울 내용을 예습하고 모르는 부분을 보충할 수 있지만 자칫 학교 수업을 소홀히 하게 될 수도 있다.

내신 관리의 핵심은 '학교 수업을 잘 듣는 것'이다. 왜냐면 수업하는 선생님이 '시험의 출제자'이기 때문이다. 수업시간에 선생님이 강조해서 가르친 것들이 시험에 나올 확률이 높다. 또 선생님의 수업 성향도 시험에 큰 영향을 미친다. 이를 간과한 채 열심히 과외를 받고, 학원을 다닌다면 노력에 비해 결과는 초라할 것이다.

학원의 장점은 문제 푸는 스킬을 알려준다는 거다. 그래서 학교에서 개념을 제대로 배우는 것이 중요하다. 개념도 제대로 모른 채 백날 문제만 풀었다가는 모든 것이 헛수고로 귀결될 가능성이 크다. 학원의 장점은 또 있다. 해당 학교의 기출문제를 다수 보유하고 있다는 거다.

그래서 학교에서 수업을 잘 들은 학생들에게는 학원에서의 문제풀이가 중간·기말고사 전 유용한 모의고사가 될 수 있다. 하지만 이를 절대 맹신하면 안 된다. 주기적으로 시험 스타일을 바꾸는 학교도 있기 때문이다. 그럴 땐 학원에만 의존했던 학생들은 여지없이 성적이 날아간다.

따라서 내신을 잘 받기 위해서는 수업시간에 어느 누구보다 집중하는 능력이 필요하다. 또 교과 선생님께 배운 내용을 바탕으로 복습하고, 앞으로 배울 내용을 예습하는 자기주도적 역량이 중요하다.

들쭉날쭉보다는 꾸준함이 중요

교과 전형은 전 과목의 평균 내신으로 적용하지 않는다. 개별 과목으로 적용된다. 그래서 내신 평균이 각각 2.2와 2.5인 학생이 같은 대학, 같은 학과에 교과 전형으로 지원했더라도 2.2인 학생은 떨어지고, 2.5인 학생은 붙을 수가 있다. 두 학생의 차이는 들쭉날쭉과 꾸준함에서 나온다. 내신이 2.2이더라도 거기에 5, 6등급이 포함되어 있다면 환산점수를 받을 때 불리하다. 반면 내신이 2.5이더라도 1~3등급 사이에서 꾸준히 유지했다면 환산점수에서 유리하다. 각 대학들의 등급별 환산점수를 보면 일정 등급이 넘어가버리면 적용하는 점수의 격차가 매우 커지기 때문이다.

교과 전형에서 주로 반영하는 것은 석차 등급이다. 석차 등급은 공통과목과 일반선택과목에 적용된다. 따라서 공통과목으로만 배우는 1학년이 무엇보다 중요하다. 2, 3학년 때는 일반선택과목도 있지만, ABC 절대평가인 진로선택과목도 있기 때문이다. 또 앞에서 설명했듯이 대부분의 대학이 교과를 반영할 때 1, 2, 3학년 성적에 차등비율을 적용하지 않는다.

단위시수가 높은 과목을 잘하는 것도 중요하다. 많은 대학에서 고등학교 성적을 적용할 때 단위시수를 따지기 때문이다. 단위시수는 간단히 설명하면 일주일에 해당 수업이 몇 시간 들어 있느냐다.

지원할 대학이 성적보다 다소 높다면

교과 전형을 실시하는 대학 중 높은 대학(또는 학과)에 가고 싶다면 수능 준비가 필수다. 앞서 살펴봤듯이 대개 상위 레벨의 대학이나 학과는 수능 최저 등급이 높다. 그래서 내신등급이 다소 낮더라도 수능 최저 등급을 맞추면 합격의 기회가 생길 수 있다. 교과 전형에 추가합격이 많기도 하다. 또 수능 준비도 병행하면 만에 하나 수시에서 떨어지더라도 정시라는 차선책이 있을 수 있다.

수능 최저를 맞추려면 최소한 영어는 챙겨야 한다. 절대평가가 된 후 영어 3등급까지의 비율이 응시생의 50%에 육박한다. 상대평가라면 절대 볼 수 없는 수치다. 따라서 영어에서 높은 등급을 받으면 타 영역에서의 실수를 만회할 수 있다.

수능을 준비하는 또 다른 이유는 안타깝지만 재수를 하는 경우도 고려해야 하기 때문이다. 최근의 대입 경향을 보면 N수생이 늘어나고 있다. 높은 순위의 대학이나 학과에 한번에 가는 경향이 줄어들고 있다. '재수가 필수인 사회', '재수를 권하는 사회' 등의 말이 괜히 나온 것이 아니다. 재수는 다 떨어졌기 때문에 하는 어쩔 수 없는 선택인 것이다. 수시에서 다 떨어져 재수를 한다면 어떤 공부를 해야 할까? 내신은 결정났다. 그때부터 할 수 있는 건 수능이다. 만약 어쩔 수 없이 재수를 하게 된다면 수능을 준비해온 학생과 그렇지 않은 학생은 출발선이 달라질 수밖에 없다.

지금 주어진 것에 최선을 다하자

학생과 상담하다 보면 '선택과 집중'이란 말을 듣게 된다. 자신은 특정 대학, 특정 학과에 갈 것이니 다른 것은 일절 하지 않고 필요한 것만 챙기겠다는 거다. 이 말은 시간이 지나면서 숨은 의미를 드러낸다. '다 포기하겠다'는 의미다. 처음에 포기하기가 어렵지, 포기하는 게 한두 번 반복되면 포기는 쉬운 것이 된다. '선택과 집중'은 모두 다 하되 우선순위에 따라 비중을 조절하겠다는 뜻으로 쓰여야 한다.

저학년 때부터 구체적인 대학과 학과를 설정하고 준비할 필요는 없다. 그냥 의학계열, 인서울, 지방거점국립대 등 대략적으로 생각하고 현재 학생에게 주어진 것에 충실히 할 필요가 있다. 구체적인 대학과 학과를 정해서 맞춤식으로 간다는 건 위험하다. 만약 준비진행상황이 어긋난다면 어떻게 할 것인가? 또 잘 준비해서 성적이 더 잘 나왔다면 어떻게 할 것인가? 오래전부터 바랐던 대학과 학과이니 지원을 할 것인가? 아니다. 그 대학을 버리고 더 높은 대학을 생각하게 될 거다. 필요하다면 희망하던 학과도 포기하고 대학 간판을 좇는 게 현실이다.

따라서 현재 주어진 것부터 열심히 해야 한다. 그렇게 해서 나온 최종 결과를 바탕으로 어떤 조합으로, 어떤 대학 및 학과에 지원할까를 고민해야 한다. 이 순서가 맞다.

또 교과 전형으로 대입을 생각한다면 석차 등급이 나오는 과목, 단위시수가 높은 과목에 신경을 써야 하며 크게 떨어지는 과목이 없도록 해야 한다. 열심히 노력한 결과로 성적이 나왔다면 그에 따라 교사, 학생, 학부모가 같이 대입 전략을 짜야 한다. 먼저 최선을 다한 다음에 구체적인 대입 전략을 짜야 한다. 교과 전형을 쓰겠다는 주사위는 어쩌면 고등학교를 선택할 때 이미 던져졌기 때문이다.

교과 전형 준비를 위한 고등학교 선택

교과 전형의 핵심은 내신 관리입니다. 이를 위해서 고등학교 선택부터 신중해야 합니다. 내 아이가 진학해서 내신을 잘 받을 수 있을지를 따져야 합니다. 학업 분위기, 우수한 학생들과 교류 등 모든 것을 바라면서 아이의 내신까지 좋기를 바란다는 건 어렵습니다. 만약 그런 학교에서 내신까지 좋다면 그건 학생이 뛰어난 것입니다. 그 학생은 어떤 학교를 가더라도 잘할 테죠. 하지만 대부분 학생들은 그렇지 않습니다. 그래서 고등학교를 선택할 때 고민이 되는 겁니다.

최근에는 소위 '탈교육특구'도 나타나고 있습니다. 중학교까지만 그곳에 보내고 졸업 후에는 내신을 잘 받을 수 있는 주변의 일반고로 보낸다고 합니다. 이런 현상은 지방에서도 일어나고 있습니다. 요즘 지방에서는 지역인재 전형과 지역균형 전형으로 인해 고등학교 선택에 있어 '내신'을 가장 중요하게 여기는 듯합니다. 그래서 비선호였던 학교가 갑자기 선호학교가 되기도 합니다. '내신을 잘 받을 것 같아서' 선호하게 되는 겁니다. 만약 지역인재 전형의 의학계열을 노리고 싶으면 학업 분위기가 좋고 우수한 학생들이 많이 모이는 일반고를 선택할 수 있습니다. 최저 등급을 맞추는 것도 고려해야 하기 때문입니다. 또 그런 학교들에서는 최상위 학생들이 지역인재 전형 중 학생부 종합 전형도 쓸 수 있습니다.

진학하려는 고등학교의 특색사업도 살펴야 합니다. 만약 과학중점학교면 수학과 과학을 잘하는 학생들이 몰릴 것이고 그럼 내신을 잘 받기 어려울 수 있습니다. 사회 관련 과목은 선택인원이 적을 것입니다. 만약 인문사회융합학교면 인문사회에 강점이 있는 학생들이 몰릴 것입니다. 그리고 수학과 과학 관련 과목은 개설이 어려울 것이고, 개설되더라도 적은 수일 가능성이 큽니다.

학교에 따라 성적이 우수한 학생을 따로 관리해주는 곳도 있습니다. 그런 학교에 지원한다면 내 아이가 우수 그룹에 들어갈 수 있는지, 그리고 우수 그룹에 들어가지를 못했을 때는 어떻게 되는지 등도 따져봐야 합니다.

마지막으로 학년 전체 인원도 고려해야 합니다. 학년 전체 인원이 적다면 상위 등급을 받을 수 있는 학생의 수도 적기 때문입니다. 더욱이 적은 학생들을 대상으로 학점제를 한다면 학교 선택의 고민은 깊어질 수밖에 없습니다.

대학 구조조정과
첨단학과

2020년 4월 24일, 정부세종청사에서 '제4차 사회관계장관회의 겸 제2차 사람투자·인재양성협의회'가 열렸다. 1호 안건이 올라왔다. '첨단분야 인재양성 추진 상황 및 향후 계획'이다.

한국은 제조업을 기반으로 한 산업국가다. 제조업 생산 능력은 세계적이다. 따라서 인문계 학생보다 자연계 학생이 취업이 잘 된다. 대입에서 화학공학과의 위상만 봐도 알 수 있다. 한국의 수출품 중 1위는 반도체이며, 2위는 석유다. 석유에서 파생되는 상품까지 합한다면 더 높은 비중을 차지할 것이다. 당연히 화학공학과를 졸업하면 상대적으로 취업이 쉬우며, 일자리의 질도 좋다.

2000년대에 접어들면서 제조업 국가인 한국에 위기의 전조가 나타났다. 중국의 부상이다. 일본과의 기술격차는 그대로이고 중국은 점점 우리와 어깨를 나란히 하려고 한다. 이를 설명하기 위해 '넛 크래커

(Nut-Cracker)'란 용어도 등장했다. 호두 까는 기계의 두 집게 사이에 있다는 위기감을 표현한 것이다.

새로운 먹거리가 필요하다. 마침 코로나19 사태가 터졌고 이로 인해 아날로그에서 디지털로의 전환이 가속화됐다. 바이오, 소프트웨어, 반도체, 융합이란 키워드가 사회 전면에 등장했다. 카카오, 네이버 대표가 대통령을 만나 관련 분야 인재가 부족함을 역설했다.

학령인구가 감소하고 있어 대학은 구조조정 중이다. 평가 점수가 낮으면 강제로 학생 선발 인원을 감축해야 했다. 학생 수가 적어지면 자연스레 교수를 비롯한 교직원 인원 감축도 동반한다. 학교의 규모가 축소된다.

그런데 첨단학과에 한해서는 인원을 늘려도 된다고 한다. 경기도나 지방의 경우 편입 지원 인원도 많지 않은데 그 인원들도 첨단학과에 포함시켜도 된다고 한다. 학과 이름을 그럴듯하게 짓는다. 교수는 바뀌지 않았지만 학과 이름에 끌려 학생들이 지원을 한다.

정부가 바뀌고 나서 대학 구조조정 정책이 바뀌었다. 예전에는 정부 주도로 구조조정이 이루어졌다면, 이젠 알아서 살아남으라 한다. 대신 대학에 자율권을 많이 주었다. 학과 개설 및 통폐합의 규제도 풀었다. 자연히 학생이 원하는, 나아가 사회에서 필요로 하는 수요와 대학에서의 공급이 균형점을 찾아갈 수 있게 됐다. 하지만 하나의 우려는 가시지 않는다. '교육의 질을 담보할 수 있을까?'에 대한 문제다.

앞으로 정부가 구상하는 첨단 분야에 많은 인재가 필요할 것이다.

하지만 모두 똑같은 대우를 받진 못할 것이다. 곧 대학 4년 동안 어떤 실력을 갖추느냐, 또 앞으로 새로운 것을 배울 수 있는 역량과 열정이 있느냐가 중요해졌다.

학생부 위주(종합) 전형

'학생부 종합 전형'은 말 그대로 학생부를 종합적으로 살펴서 학생을 선발하는 것을 말한다. 숫자로 표현된 내신 성적뿐만 아니라 글로 기록된 것까지 두루 살핀다. 그리고 내신 성적이 반영된다고 해서 숫자를 그대로 점수화하는 것은 아니다.

예를 들면 이렇다. 학생의 미적분 내신이 3등급이다. 그럼 이 3등급을 어떻게 봐야 할지 고민한다. 미적분의 학교 평균 점수를 살핀다. 전체 평균이 높다. 학생은 원점수 91점을 받았다. 표준 편차가 12.0이다. 그럼 입학사정관은 이렇게 판단할 수 있다. '이 학교는 대체로 우수한 학생들이 모여 있으며 원점수가 92점인 것을 보니 한두 문제 실수로 등급이 갈라질 수 있겠구나.' 그리곤 학생의 미적분 교과세부능력특기사항을 본다. '수학적 개념이 탄탄하며 이를 응용할 수 있는 능력도 있다.'라는 기록을 확인한다. 수학 교사의 칭찬이 타당한 근거에 더욱 부각된다. 창체(창의적 체험활동), 동아리, 진로 특기사항 및 종합의견을 보니 학업적 능력이 우수해 보인다. 결론을 내린다. '학생의 미적분 3등급은 그대로 보면 안 되는구나.' '1, 2등급의 능력을 갖고 있는 학생이구나.'

학생부 종합 전형은 교과 전형에 비해 선발 인원 비율이 낮다. 하지만 이를 수도권 대학으로 제한시키면 다른 모습을 보인다. 상위 15개 대학으로 한정시켜도 그렇다. 대략적으로 아래 도표와 같다.

이런 모습을 보이기에 수시로 상위권 대학에 가고자 하는 학생은 학종을 준비한다. 그래서 어떤 일반고의 경우 내신이 좋은 학생들에게는 학생부를 신경 써서 적어준다. 교과 전형과 함께 학종 전형을 쓸 수 있기 때문이다.

많은 사람은 학종을 깜깜이 전형으로 알고 있다. 그리고 매우 복잡

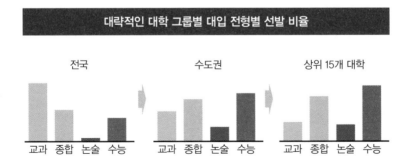

대략적인 대학 그룹별 대입 전형별 선발 비율

전국   수도권   상위 15개 대학

교과 종합 논술 수능   교과 종합 논술 수능   교과 종합 논술 수능

학생부 종합 전형의 변화 과정		
구분	**입학사정관제**	**학생부 종합 전형**
초점	개인활동	교내활동	교과활동
활동범위	외부활동 가능	교육계획서 내	정규교육과정 내
포인트	외부수상, 논문 등	학교교육 충실성	수업 충실성
제출서류	학생부, 자소서, 추천서, 외부활동	학생부, 자소서, (추천서), 학교프로파일	학생부
문제점	부모의 배경 작용	학교의 배경 작용	학생부 기재 분량 축소
대입적용	2008학년도	2015학년도	2021학년도부터 순차적

하게 여긴다. 이는 학종의 현재와 과거, 미래 정보까지 시간 순서 없이 한꺼번에 받아들이고 있기 때문에 그렇다. 학종은 많은 변화를 겪었다. 그리고 앞으로 또 다른 변화를 겪을 거다.

학생부 종합 전형을 처음에는 '입학사정관제'라 불렀다. 그리고 이를 보완하는 과정에서 명칭을 '학생부 종합 전형'으로 바꾸게 된다. 입학사정관제는 초점을 개인활동에 맞춘다. 그래서 학교활동뿐만 아니라 외부활동도 평가의 대상이 된다. 그땐 학교활동보다는 외부의 활동, 즉 외부 스펙이 중요하게 작용했다. 곧 부작용이 발생했다. 부모의 사회적 배경이 크게 작용한 것이다. 자식은 가만히 있는데 부모가 금칠을 해줬다. 학생의 역량보다는 부모의 역량이 대입의 승패를 갈랐다.

이런 부작용을 줄이기 위해 교육부는 외부활동은 최소화하고 교내활동 중심으로 전형을 개편했다. 명칭도 학생부 종합 전형으로 바꿨다. 학생부에 기록되기 위해서는 교육계획서에 활동이 준비되어 있어야 했다. 하지만 이것도 문제가 있다. 학교의 배경이 크게 작용했다. 특목고, 자사고에게 유리했다. 어떤 학교는 학교프로파일을 대학에 제출할 때 몇십 장씩 만들었다. 그리고 외부 대회와 활동을 교내대회와 연계시켜 간접적으로 외부활동을 넣는 꼼수를 부리기도 했다.

교육부에서 다시 칼을 들었다. 자소서, 추천서, 학교프로파일을 없앴다. 수상과 독서도 없앴다. 학생부에 기록할 수 있는 글자 수도 줄였다. 이젠 글자 수가 줄어들지 않은 교과세부능력특기사항이 중요해졌다. 수업시간이 중요해진 것이다.

학생부 종합 전형은 여러 정보가 혼재되어 알려져 있다. 과거, 현재, 미래의 정보가 사람들의 머릿속에 뒤죽박죽 섞여 있다. 그래서 더욱 혼란스럽다. 엉킨 실타래를 하나씩 풀어보자. 그 과정에서 학생부 종합 전형이 어떤 특징을 가지고 있는지도 살펴볼 것이다.

학생부 종합 전형의 뿌리, 입학사정관제의 탄생

WASP는 White Anglo-Saxon Protestant의 약자다. 백인, 앵글로색슨, 개신교를 공통분모로 하는 미국의 상류집단을 의미한다. 굳이

WASP로 표현한 것은 '벌'의 특징으로 이들의 특징을 드러내기 위함이다. WASP는 원래 벌이란 뜻을 가지고 있다. 벌은 유대관계가 강하며 같이 꿀을 공유하며 외부의 적에 대해 공동으로 대응한다.

WASP에게 아이비리그 대학은 자기들의 전유물이었다. 1950년대까지만 해도 그랬다. 왜냐면 유대인들의 아이비리그 대학진학률이 높아지고 있었기 때문이다. WASP는 고민했다. 그리고 같이 대응하려고 했다. 그들은 유대감이 강한 벌떼니까. 그래서 탄생한 것이 '입학사정관제'다. 객관적 지표보다는 주관적 지표의 비중을 높여 유대인들의 진학률을 떨어뜨리려고 했다.

즉각적인 그들의 대응은 놀라웠다. 하지만 결과는 그들의 의도와 달리 흘러갔다. 입학사정관제 도입 이후 유대인 진학률은 오히려 더 높아진 것이다.

이렇게 입학사정관제는 학교 입장이나 다른 무엇에 따라 평가에 주관적 의도가 개입될 수 있다. 이는 입학사정관제 초기 내신 산정에 대한 법정 다툼에서 ○○대가 '영업비밀'이란 용어를 사용했다는 것에서도 확인할 수 있다.

부정적 요소가 없는 것은 아니지만 미국에서의 입학사정관제는 여전히 우수인재를 선발하는 주요 방식으로 남아 있다. 역기능보다는 더 큰 순기능에 초점을 맞추고 있기 때문이다.

하지만 우리나라의 경우는 다르다. 순기능보다는 역기능에 초점을 두고 있다. 애초 우리나라의 입학사정관제는 미국과 다르게 출발했음에도 말이다. 우리나라에서는 국가전략과 그에 맞는 인재양성이라는 시대의 과제를 해결하고자 입학사정관제를 도입했다.

국가전략과 5.31 교육 개혁

Fast Follower에서 First Mover로!

한때 우리나라가 선진국인가에 대한 논쟁이 있었다. 2021년 유엔무역개발회의(UNCTAD)에서는 한국을 개발도상국에서 선진국으로 지위를 격상시켰다. 2023년에는 세계국채지수(WGBI)에 공식 편입됐다. 우리나라는 한 발 한 발 선진국에 걸맞은 모습을 갖춰 가고 있다.

한국의 위상 상승은 과거에 어느 정도 예견되었다. 왜냐하면 우리가 빨리 베껴야 할 나라가 점점 줄어들고 있었기 때문이다. 한국은 빠른 속도로 성장했다. 이는 국가전략이 통했기 때문이다. 바로 'Fast Follower' 전략이다. 어떻게든 발전된 나라의 시스템을, 물건을, 문화를 빨리 베껴야 했다. 그래서 국가에서는 빨리 베낄 수 있는 인재가 필요했다. 머릿속에 잡다한 지식을 많이 담고 있어야 했다. 모두가 잘할 필요는 없다. 경쟁에서 살아남은 소수의 엘리트가 주도하면 됐다.

그러나 이젠 베껴야 할 나라가 사라지고 있다. 오히려 우리를 베껴서 따라오는 나라가 많아졌다. 선진국이 겪는 문제를 우리도 같이 겪고 있다. 이젠 베끼는 걸 잘하는 것보다 문제를 발견하고 창의적으로 해결하는 인재가 필요하다. 이를 잘해서 우리가 표준이 되어야 한다. 국가전략을 바꿔 나온 것이 'First Mover'다. 다음으론 이 전략에 걸맞은 인재를 길러야 했다. 주어진 선지에서 답만 찾고 하나만 답이라는 생각을 버려야 했다. 답은 주어진 선지에 없을 수도 있다.

1995년의 5.31 교육개혁은 이러한 국가전략의 변화를 배경으로 탄생했다. 주요 내용은 다음과 같다.

> 열린 교육사회, 평생학습기반구축(학점은행제), 교육과정평가원 신설, 복수전공 권장, 대학의 자율성 강화, 학교운영위원회 설치, 인성과 창의성 함양 강화, 종합생활기록부에 교과 외에도 비교과 기록 의무화, 초중고교의 유형 다양화, 특성화 학교 설립 등

이 중 5.31 교육개혁이 대입에 가장 큰 영향을 끼친 것은 '입학사정관제의 탄생'이다. 이후 저출산 문제는 입학사정관제 전형의 정당성을 강화시켜줬다. 이젠 소수의 엘리트만 필요한 것이 아니다. 학령인구, 경제가능인구는 급속히 줄고 있다. 모두가 각자의 분야에서 전문가가 되어야 한다. 일당백이 되어야 한다. 따라서 학생들 각자의 꿈과 끼를 알고 이를 적극적으로 계발해야 했다.

2013년 한 언론사에 이런 제목의 기사가 떴다. "한자리 모인 역대 교육장관들". 기사의 사진에는 12명의 역대 교육부 장관들이 보였다.

그 가운데 이주호, 문용린, 이명현, 서남수, 김신일, 김덕중, 이돈희 장관 등도 보였다. 그들은 5.31 교육개혁 수립에 직간접적으로 관여한 사람들이다. 이것만 봐도 정부에서 5.31 교육개혁을 적극 실행하려고 하는 의지를 엿볼 수 있었다.

그래서 입학사정관제는 도입과 함께 더욱 탄력을 받았다. 하지만 우리 사회에 뿌리 내리기에는 아직 사회·문화적 여건이 뒷받침되지 않았다.

입학사정관제와 조국사태의 나비효과

앞에서 입학사정관제와 학생부 종합 전형을 설명했다. 다시 공통점과 차이점으로 '입학사정관제'와 '학생부 종합 전형'을 살펴보자. 공통점은 둘 다 학생의 교과와 비교과 활동을 종합적으로 고려해서 선발하는 방식이라는 것이다. 하지만 이 둘은 참고자료의 범위에서 차이가 있다. 입학사정관제는 학교활동뿐만 아니라 외부활동이나 외부수상도 포함된다. 따라서 각종 올림피아드 수상 경력과 소논문, 교수 합작 프로젝트, 책 출판 등이 들어갈 수 있었다. 이에 반해 학생부 종합 전형은 교내활동을 위주로 한다. 그리고 이제는 교내활동도 정규교육과정 내로 한정했다.

입학사정관제는 초창기부터 말이 많았다. 왜냐면 프로젝트 수업이 주를 이루는 특목고에 유리했고 부모 찬스를 적극적으로 활용할 수 있었기 때문이다. 그래서 부모나 부모 지인의 도움으로 높은 수준의 논문 작성에 공동 저자로 참여할 수 있었고, 심지어는 고등학생임에도 출판물의 저자가 될 수 있었다. 대학 랩실을 활용한 활동들도 많았다. 대개 인맥과 돈이 작용했다.

이러한 문제점은 지속적으로 제기되었다. 교육부는 이에 따라 '입학사정관제'를 '학생부종합 전형'으로 명칭을 바꾸고 문제점을 개선 (활동자료 범위 축소)하고자 했다. 하지만 예전만큼은 아니지만 문제가 있었다. 여전히 부모의 개입이 가능했고 특정 학교에서는 입시성과를 위해, 또는 청탁을 받고 교사가 학생부를 부정하게 수정하는 일이 발생했다. 1995년 5.31 교육개혁부터 준비해온 대입 전형 방식에 위기가 찾아왔고 교육부는 이를 '학교생활기록부 신뢰도 제고방안'으로 다시 돌파하고자 했다. 이후에도 추가 조치가 내려져 현재의 학생부 종합 전형으로 이어졌다.

일련의 흐름에서 조국사태는 여론의 정치적 이용을 보여준 사례였다. 조국의 딸은 학생부 종합 전형이 아닌 '입학사정관제'로 대학에 입학했다. 하지만 언론에서는 입학사정관제라고 하지 않고 '학생부 종합 전형'이라는 딱지를 줄곧 붙였다. 대입에서 비율이 점점 늘어나는 학종으로 불리했던 사람들에게는 절호의 찬스였다. 학종을 줄이고 수능 위주 정시를 늘리자는 목소리가 힘을 받기 시작했다. 여론몰이도 있었다. 강북, 인천, 경기도, 지방, 일반고 등에서는 학종 축소에 대한 반대

목소리를 냈지만 이미 판세는 기울었다.

조국사태는 희생양을 만드는, 역사적으로 반복되는 사례였다. 조국 딸의 부정입학은 대입을 순수하게 준비해온 학생들에게 큰 분노를 불러일으켰다. 그런데 문제는 조국 한 사람만의 잘못으로만 치부한다는 것이었다. 이는 개인이 아닌 그 당시 부정을 일삼았던 집단의 문제였다. 특정 개인이 집단의 죄를 모두 뒤집어썼다. 안타깝게도 나머지 집단은 면죄부를 받았다.

조국사태에 따라 학생부 종합 전형은 신뢰를 잃어갔다. 교육부는 무너진 신뢰를 끌어올려야 했다. 그래서 그들은 어떻게 했을까?

교육부, 무너진 신뢰를 회복하라

학령인구가 감소하고 있다. 이에 따라 전국의 학원 숫자도 줄어들고 있다. 그런데 재밌게도 '그곳'은 학원이 늘었다. 대치동이다. 주를 이룬 건 컨설팅 학원이다. 학종이 주요 대학에서 비중이 높은 전형이다 보니 많은 학부모가 찾는다. 컨설팅비는 비싸다. 보고서 작성부터 독서록까지 대신 작성하는 경우도 있다. 심지어는 학생부에 들어가는 기록을 학생에게 주고 담임교사에게 그대로 넣게 하라고 시킨다고 한다.

학교나 교사들에게도 문제가 있었다. 일부 학교는 SKY 결과를 높이기 위해 심화반(학교마다 부르는 용어가 다르다)을 운영한다. 그리고 그들의 학생부를 집중관리한다. 대입을 위해서는 고등학교에 입학해서 심화반에 들어가는 것이 무엇보다 중요하다.

일부 교사들은 학생에 대해 과하게 기록하는 경우도 있었다. 그래서 일부 입학사정관은 말한다. "학종을 망친 것은 교사가 아닌가요?" 학생부를 보니 과학적 소양이 너무나 뛰어나서 면접에 불렀더니 뉴턴의 세 가지 운동법칙도 몰라 황당했다고 한다.

학종을 지탱하는 건 '신뢰'다. 신뢰가 무너지면 학종은 대학교마다 입학사정관마다 평가가 난장판이 된다. 교육에 있어 모든 정보를 쥐고 있는 교육부에서 이를 묵과할 수 없었다. 학교생활기록부 신뢰도 제고 방안을 마련하려고 했다. 국민참여 정책숙려제 1호 안건으로 처리하려는 열의도 보였다.

방안이 구체적인 윤곽을 보일 때쯤 조국사태가 터졌다. 교육부는 정치적 이슈를 해결해야 할 필요가 있었다. 주요 13개 대학을 대상으로 학생부종합 전형 실태조사가 이루어졌다. 그리고 실태조사에서 드러난 문제를 해결하기 위해 대입제도 공정성 강화방안을 내놓았다.

학교생활기록부 신뢰도 제고방안과 대입제도 공정성 강화방안을 함께 요약하면, 주요 내용은 다음 표에 정리했다.

대입 제도 개선에서 가장 주목할 것은 16개 주요 대학의 '정시 수능 위주 전형 40% 이상 선발'이다. 여기서 16개 주요 대학이라 함은 건국대, 경희대, 고려대, 광운대, 동국대, 서강대, 서울대, 서울시립대, 서울여대, 성균관대, 숙명여대, 숭실대, 연세대, 중앙대, 한국외대, 한양

학교생활기록부 신뢰도 제고방안과 대입제도 공정성 강화방안 주요 내용			
대입제도 개선		학생부 기재 개선	
서류	자소서/추천서 폐지	교과	방과후학교 미기재
정시	40%(16개 대학)	종합의견	500자 이내로 축소
사회통합	지역균형 전형10% (수도권)	자율	500자 이내로 축소
학종 투명성	블라인드 확대, 고교프로파일 폐지, 외부공공사정관 참여	동아리	자율동아리 기재금지
교원책무성	학생부 신고센터 운영	봉사	학교가 계획한 봉사가능, 개인봉사 미반영
특기자, 논술 전형	폐지 유도	진로	700자 이내로 축소 진로희망 미반영
비교과 영역축소	정규교육과정만 허용	수상	폐지
학종전문성	입학사정관 교육 강화	독서	폐지

대 등이다. 사교육을 유발한다는 명분하에 학생부 종합 전형과 논술 전형을 전체 모집 인원 중 45% 이상을 선발하는 대학교 16개로 선정했다. 학생들이 정말 가고 싶어하는 대학이다.

수능의 인원을 늘린 건 수능은 공정하다는 공감대가 있었기 때문이다. 수능이 공정하다는 주장은 시험의 내용보다는 형식적 공정성에 따르는 듯하다. 수능은 출제에서부터 채점까지 공정하게 이루어진다.

반면 학종은 그렇지 않았다. 형식적 공정성이 낮기에 비판을 받았고 학생부 기재를 대폭 축소했다. 또 자소서를 폐지했다.

자소서 폐지, 그러나 사라지지 않았다?

입학사정관은 학생부와 자소서 중 무엇을 먼저 볼까?

입학사정관은 크게 '전임'과 '위촉'으로 나뉜다. '전임'은 입학사정관 업무만 맡고 있는 경우고, '위촉'은 주로 교수님 중 일부를 입학사정관으로 위촉하는 경우다. 이들은 본격적으로 서류평가를 할 때 자소서를 먼저 볼까, 아니면 학생부를 먼저 볼까? 일부 대학에서 확인해보니 반반이었다.

자소서를 먼저 보는 것과 학생부를 먼저 보는 것에는 차이가 있다. 자소서를 먼저 보는 쪽은 초보일 가능성이 크다. 왜냐면 그들은 복잡한 학생부를 어떻게 봐야 하는지 노하우가 없기 때문이다. 자소서는 그들에게 이정표가 된다. 자소서를 중심으로 학생부를 크로스 체크하면 서류평가가 쉽다. 그런데 베테랑 입학사정관은 학생부를 보면 자소서가 보인다고 한다. 때론 학생부를 먼저 보고 이어 자소서를 확인하곤 '학생부는 좋은데 자소서는 왜 이렇게 썼을까' 반문하는 여유도 보인다.

자소서와 추천서는 2024학년도 대입부터 폐지된다. 대입의 공정성, 신뢰도 강화 방안이다. 추천서는 이미 필수서류로 제출을 원하는 대학이 점점 줄고 있었다. 평가서류로서의 의미가 퇴색되고 있었으니까. 객관적이지 않았고 미사어구로 학생을 포장하고 있었다. 포항공대 사례처럼 한참 고민하게 만든 추천서도 없는 건 아니다. 추천자가 '이 기적'이란 말을 넣었다. 전원 기숙사 생활을 하는 포항공대라 성적이 무척 뛰어난 학생이었지만, 입학사정관들은 '이기적'이란 말을 쉽게 넘길 수 없었다.

추천서는 이해하지만 자소서는 왜 폐지했을까? 이유는 대부분의 자소서가 컨설팅 학원의 도움으로 상향평준화됐기 때문이다. 그렇다고 자소서를 없애면 대학은 무척 불편하다. 하지만 또 자소서가 없다고 해서 평가를 할 수 없는 건 아니다. 학종을 하는 하위권 대학을 빼곤 말이다. 하위권 대학에 지원하는 학생들의 학생부 내용은 빈약하며, 내용이 적혀 있더라도 별다른 특징이 없다. 그나마 자소서가 있어서 좋았다.

대학은 자소서와 추천서 폐지를 어떻게 생각하는지 알고 싶었다. 유명 사교육업체가 주관한 '입학사정관과의 대화'라는 프로그램에서 기회를 잡았다. 속마음을 먼저 건드려 보고 공식적인 질문을 했다.

"자소서와 추천서 폐지는 대학에 큰 영향을 주진 않을 겁니다. 왜냐면 자소서, 추천서는 학생부에 있으니까요. 학생부에서의 학생활동이 곧 자소서이고 1, 2학년 담임의 종합의견이 곧 추천서이기 때문입니다. 그리고 자소서와 추천서는 한 사람이 쓰기 때문에 왜곡될 수 있지만 학생부는 여러 교사가 함께 만드는 것입니다. 그래서 더 신뢰를 할 수 있죠. 문제는 학생부에서 평가 항목을 몇 가지 없애고 글자 수를 줄이는 게 문제라고 봅니다. ○○대학에서는 이에 대해 어떻게 대처할 건가요?

해당 대학 입학사정관이 말했다. "말씀하신 것에는 전적으로 동의합니다. 그래서 우리 대학에서는요…"

핵심은 학생부의 유기성이다

자소서가 사라졌다. 자소서가 사라졌지만 학생부를 보면 자소서가 보인다고 했다. 왜 그럴까? 학생부도 하나의 글이기 때문이다. 전체를 하나로 묶어 문장으로 연결하지 않았다 뿐이지 엄연히 내용 구성이 존재한다. 좋은 글(자소서)의 핵심은 내용을 어떻게 구성하느냐에 있다. 그것도 유기성을 잘 갖추어서.

학종을 준비하는 학생이라면 학교활동을 유기적으로 해야 한다. 학생활동이 곧 학생부이기 때문이다. 예를 들면 이렇다. 수업시간에 열심히 참여한다. 지적호기심을 자극하는 것이 있으면 스스로 탐구한다. 이때 독서를 활용하면 좋다. 학생부에서 독서 목록을 기록하는 곳이 없어진 것이지 독서를 하지 말라는 건 아니다. 독서는 적극적으로 장려하는 교육정책이다. 학생은 스스로 탐구한 것을 동아리에서 부원들과 함께 심화나 연계 활동 등으로 다양하게 활용할 수 있다. 현재 활동하고 있는 동아리가 자신이 탐구하고 있는 분야와 맞지 않다면, 자신의 탐구분야는 다음 학년도 동아리를 선택하는 데 좋은 동기가 될 수 있다.

수업시간에 배운 내용에 지적호기심을 갖고, 독서 등을 활용해 스스로 탐구하고, 이를 동아리와 연계하고, 수업시간 또는 자율·진로 활동에서 결과물(발표 등)을 낸다면 활동이 유기적으로 연결될 것이다. 입학사정관들도 학생의 관심분야, 탐구심, 학업능력, 열정, 인성 등을 충분히 파악할 수 있을 것이다.

이를 위해 저학년 때 자소서를 대략적으로 써 보는 것도 좋은 방법이다. 하지만 그것을 맹신하면 안 된다. 상황이 어떻게 달라질지 모르기 때문에 '애자일'하게 대응해야 한다.

애자일(Agile)은 소프트웨어를 개발할 때 많이 쓰이는 용어다. '기민한', '민첩한'의 뜻을 가지고 있다. 모든 것을 치밀하게 계획을 세워 놓고 톱니바퀴 맞추듯 진행하는 것이 아니라 대략적인 목표와 방향성을 설정해 놓고 상황에 따라 유연하게, 기민하게 대응하면서 나아가는 것을 말한다. 이때 내외부의 피드백을 적극적으로 활용해야 한다.

학생의 유기적 활동은 교사가 종합의견을 쓰는 데도 좋다. 교사들은 본인의 학생들이기 때문에 잘 써주고 싶은 마음을 갖고 있다. 하지만 학생이 아예 활동을 하지 않는다거나, 방향성 없이 활동이 뒤죽박

죽이었다면 좋은 종합의견이 나오기 어렵다. 교사가 종합의견을 쓰면서 가장 힘든 때는 학생이 활동을 유기적으로 해서 쓸 거리가 많을 때가 아니라 쓸 거리가 없는 학생을 잘 써주려고 할 때다.

바뀐 판의 다크호스, 과목별 세부능력 특기사항

풍선효과라는 말이 있다. 한쪽을 누르면, 다른 쪽이 부풀어 오르는 현상을 말한다. 대입제도 공정성 강화방안에 따라 학생부 기록이 많이 줄었다. 대학은 자소서가 없어진 것은 어쩔 수 없다고 하지만, 학생부 기록이 줄어들고 기재금지 및 폐지가 늘어난 것에 대해서는 아쉬워한다. 학생들을 평가할 수 있는 데이터가 줄어들기 때문이다. 대학은 고민한다. 정부에서 그렇게 하겠다고 발표했기 때문에 거스를 수 없다. 이젠 어떻게 해야 할까? 그때 눈에 들어온 것이 있다. 바로 '과목별 세부능력 특기사항(과세특)'이다.

대학이 과세특에 주목한 이유는 크게 두 가지다. 하나는 양이다. 자율활동, 진로활동은 기록 가능 글자 수가 거의 반으로 줄었다. 종합의견도 마찬가지다. 봉사활동 특기사항은 이제 적을 수 없다. 그 와중에 과세특은 건재하다. 과목마다 다 작성할 수 있으니 3학년 1학기까지 전 과목을 보면 양이 엄청나다. 이를 잘 활용하면 학생에 대한 유용한 정보들을 많이 뽑아낼 수 있을 것이라 봤다.

128

다음은 신뢰성이다. 앞에서 자소서와 추천서는 한 사람이 작성하는 것이라 했다. 그래서 자소서와 추천서보다 여러 명이 같이 만들어 가는 학생부는 신뢰도가 높다고 했다. 학생부 중에서도 과세특은 신뢰도가 가장 높다. 자율활동, 진로활동, 종합의견은 각 학년도의 담임교사가 작성한다. 동아리는 각 학년도의 동아리 담당교사가 작성한다. 그런데 과세특은 3학년 1학기까지 학교의 많은 교사가 참여해서 적는다. 학생에 대한 여러 선생님의 목소리를 들을 수 있다. 그리고 같은 교과의 학년별 발전 과정을 종적으로 살펴볼 수 있고, 당해연도 교과 담당 선생님의 평가를 횡적으로도 살펴볼 수 있다. 학생을 입체적으로 파악하고 이를 교차검증할 수 있다.

이런 이점 때문에 학종을 준비하는 학생이나 학교는 수업이 교육활동의 중심이 되어야 한다.

대입 블라인드와 면죄부

공기업과 금융계에서 정보가 흘러나왔다. 블라인드 채용을 했더니 SKY 출신이 더 많이 합격했다고 한다. 입사 필기시험에서 SKY 출신들이 더 좋은 성적을 받았기 때문이다. 대입에서도 비슷한 현상이 있었다. 그런데 메커니즘은 다르다. 기업에서는 블라인드 채용으로 SKY 출신의 능력이 확실히 증명됐다면, 대입에서는 면죄부를 받은 대학의 열망이 드러나게 되었다. 이를 하나씩 풀어보자.

　대학에서 학생부 종합 전형을 평가할 때 참고하는 자료는 학교생활기록부(학생부)다. 거기에는 지원자가 다니는 학교, 살고 있는 주소, 부모의 생년월일(지금은 아예 입력을 하지 않는다) 등이 나온다. 따라서 명문고나 특목고 재학생, 교육특구 거주 학생 등은 내신이 낮고(좋지 않고) 활동이 부족하더라도 좋은 점수를 받게 된다. 또 직접적으로 점수를 부여하지 않더라도 타 요소를 평가할 때 긍정적인 후광효과로 작용한다. 이는 과고의 학생부 기록이 일반고와 큰 차이가 없는데 대입에서는 큰 차이를 만든다는 점에서도 드러난다.

　출신학교와 주소가 영향을 주는 사례도 있었다. 내신이 5등급대이고 활동기록도 별로였지만 명문대에 합격했다. 해당 고등학교 관계자도 놀랐다고 한다. 명문고이고 특정지역에 거주한다는 정보가 크게 영향을 끼쳤다고 보는 것 외에는 딱히 합격이유가 생각나지 않는다.

　이는 13개 대학을 대상으로 한 학생부 종합 전형 실태조사에서도 드러났다. 실태조사 이후 대학은 눈치를 봐야 했다. 특목고와 명문고 학생을 타당한 근거 없이 선발했다간 여론의 뭇매를 맞게 된다. 관계자들이 징계를 받을 수 있으며 학교의 이미지가 실추된다. 이제부터라도 내신과 관련 활동을 기반으로 해서 제대로 뽑아야 했다.

　A대와 B대의 사례를 보면 더 확연히 드러난다. 전국의 학생들이 선망하는 A대는 학종으로 합격한 학생들의 평균내신을 상당기간 공개하지 않았다. 그러다 잠깐 흘린 적이 있었다. A대의 위상에 걸맞지

않게 평균 3점대인 학과가 다수 있었다. 그러다가 학생부 종합 전형 실태조사 이후 확연히 달라졌다. 스탠스가 바뀌었다. 이젠 합격 평균 내신이 1점대나 2점대 초반이 다수를 이룬다.

B대의 경우 영어교육과를 보면 재밌다. 과거 B대는 외고 학생들이 지원을 고려하지도 않았다. 하지만 외고 학생들의 학력 저하로 이젠 주타깃이 됐다. 참고로 외고의 학력 저하는 수업의 질적 저하가 아니다. 입학생들의 중학교 성적이 해가 갈수록 낮아졌다. 과거에는 전 과목 내신과 시험으로 선발했다면 지금은 영어 내신 및 면접으로 선발하고 있다. 그래서 입학생의 성적 하락은 불가피했다.

앞에서 언급했던 영어교육과로 가보자. 학종 합격생의 내신 평균은 3점대 중반이었다. 그런데 실태조사 이후 1점대 중반으로 바뀌었다. 외고 출신을 타깃으로 했다가 일반고로 바꾼 것이다.

대학이 가장 무서워하는 것은 언론인 듯하다. 그다음이 교육부다. 학교 관련 부정적 기사가 나가면 수습하기가 어렵다. 또 어떤 기사가 나갈지 대비할 수도 없다. 대학은 대입을 치르고 나면 대교협에 보고를 한다. 일반고 몇 명, 특목고 및 자사고 몇 명 등을 알려준다. 그럼 대교협은 취합을 해서 발표한다. 기자들은 이를 바탕으로 기사를 쓴다. 당연히 주타깃은 서울대다. 일반고 합격생의 비율이 조금만 올라도, 조금만 내려도 무조건 기사화된다. 하물며 타 대학에서 특목고, 자사고의 비율이 현저히 높다면 언제든 기자의 먹잇감이 될 수 있다.

그런데 이젠 블라인드다. 학교명과 거주지를 가린다. 고등학교 소개서인 프로파일도 제공하지 않는다. 아이러니하게도 대학은 면죄부를 받았다. 특목고나 특정 학교를 다수 뽑더라도 문제될 게 없다. 이렇게 변명하면 된다. "블라인드라 학교를 알 수 없었다. 능력이 있다고 뽑았더니 특목고가 많더라."

블라인드 처리가 됐는데 대학은 어떻게 학교의 유형과 수준을 알 수 있을까? 그건 교육과정과 내신 평균, 표준편차 등을 보면 된다. 특목고는 일반고에서 잘 하지 않는 과목들을 개설한다. 따라서 학생이 수강한 과목을 보면 어떤 학교인지 알 수 있다. 평균과 표준편차도 학교 학생들의 수준을 보여준다. 학업능력이 낮은 학교일수록 평균이 낮고 표준편차가 크다. 활동을 봐도 알 수 있다. 교육 환경이 다르기 때문이다. 여전히 학교명칭이 남아 있다고 주장하는 이도 있다. 명칭을 코드화한 것이라 코드를 보면 어떤 학교인지 알 수 있다는 거다.

이젠 대학에서 특목고와 특정 학교를 많이 선발하더라도 문제없다. 블라인드라는 면죄부가 있으니. 하지만 한편 이런 생각도 든다. 특목고와 자사고, 명문학교 등의 학생을 뽑는 것이 잘못인가? 왜냐면 그 학생들도 우수하기 때문이다. 대학이 우수한 학생을 뽑고자 하는 것은 당연하다. 문제는 부모의 경제적 격차가 교육불평등을 만들고, 교육불평등이 사회불평등을 심화시키는 현실에 있다.

대학도 이를 알고 있다. 그래서 학종에 있어 평가를 표준화시키고 있다. 일반고든 특목고든 평가 가이드에 합당하다면 뽑고 그렇지 않으면 선발하지 않겠다는 거다.

평가요소의 바로미터, 대학의 공동 연구

학생부 종합 전형 연구의 선두 주자는 서울대다. 학종 초기 많은 대학에서 서울대 자료를 모범으로 삼았다. 그리고 2017년에는 건국대, 경희대, 서울여대(이후 미참여), 연세대, 중앙대, 한국외대가 학종 평가에 대해 공동 연구를 한다. 일선 학교에서는 이를 토대로 학종을 준비한다. 인터넷에서 2022년 버전도 쉽게 찾을 수 있다. 제목은 '학생부종합 전형 공통 평가요소 및 평가항목'이다. 구버전과 신버전의 차이는 평가 항목이 4개에서 3개로 되었다는 거다. 하지만 이를 '줄었다'라고 표현하는 것보다 흡수 통합되었다는 게 더 타당하다. 여기에서는 구버전이 더 구체적이기에 그것을 중심으로 설명하고자 한다.

6개 대학이 공동 연구를 해서 내놓은 가이드는 참고할 뿐이지 그것만 맹신하기는 어렵다. 왜냐면 학교마다의 지원풀의 차이, 인재상의 차이, 입학처와 위촉입학사정관과의 관계, 학과의 특수성 등 다양한 요소들이 개입될 수 있기 때문이다.

'학생부 종합 전형 공통 평가요소 및 평가항목'에서 가장 먼저 보

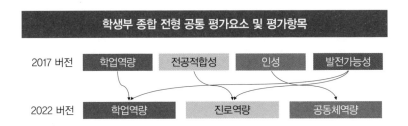

이는 것은 '학업역량'이다. 대학에서 가장 좋아한다. 입학사정관들이 학생을 선발했는데 그들이 입학해서 학업을 따라가지 못한다고 하면 교수들에게 끝없는 지탄을 받을 거다. 학종의 가장 기본은 학업역량이다.

학업을 보는 방법은 두 가지다. 1차적, 2차적 방법이다. 1차적이라고 함은 학생부에 나와 있는 기본 데이터를 기반으로 판단하는 것이다. 기본 데이터는 '국수영+사/과' 내신 성적이다. 그리고 거기에 과목별 세부능력 특기사항을 더한다.

다음은 2차적 방법이다. 이는 훈련 과정을 거쳐 숙련되어야 한다. 왜냐하면 교육과정 편성표, 과목별 표준편차, 특성화 프로그램, 지원자 동일고교풀을 활용해서 어떤 학교에서, 어느 정도 되는 학생인지 파악할 수 있어야 하기 때문이다.

특목고나 자사고 등이 많이 지원하는 상위권 학교는 2차적 방법을, 그들이 잘 지원하지 않는 중하위권 대학은 1차적 방법을 주로 활용하는 듯하다. 이는 서울대 수시 합격 고교 순위를 보면 확연히 드러난다. 대부분이 특목고, 자사고, 지역 명문고 등이다. 그리고 서울의 중하위권 대학의 학종 합격 평균 내신을 보면 성적이 상위권 대학 대비 예상 외로 좋다는 점도 이를 뒷받침한다. 어쩌면 애초 지원풀이 다르기 때문에 방법의 차이, 결과의 차이가 만들어졌는지 모르겠다.

다음으로는 말 많은 '전공적합성'이다. 전공적합성에 대해 입학사정관들에게 물어보면 상위권 대학의 입학사정관들은 반문한다. "전공적합성이 뭐예요? 고등학교에서 대학 학과에 맞는 준비가 가능하다고 보세요?" 그런데 중하위권 대학의 입학사정관들은 전공적합성을 강조한다. 이에 대한 이유는 인재상에서 따로 설명하겠다.

전공적합성도 두 가지로 설명 가능하다. 하나는 관련 교과 성적이고, 다른 하나는 관련 활동이다. 예를 들면 이렇다. 기계공학과에 지원하는 학생이 있다. 그럼 이 학생을 평가할 때 먼저 교과 성적을 본다. 기계공학과이기에 수학과 물리 성적을 위주로 본다. 수학의 경우 '수학 I, II'도 중요하지만 미적분과 기하 이수 여부와 함께 과목 성취도도 중요하다. '물리 II'도 마찬가지다.

다음은 관련 활동이다. 이는 동아리, (이제는 교과활동 중) 독서, 진로 활동, 과세특 등으로 드러난다. 학종을 준비한다면 동아리를 신중히 선택해야 하며 적극적인 참여도 요구된다. 관련 활동을 살펴보면 학생의 관심과 열정, 지적호기심, 탐구심 등을 확인할 수 있다.

'학생부종합 전형 공통 평가요소 및 평가항목' 중 '인성'은 변별력이 가장 낮다. 왜냐면 교사들은 본인의 학생에 대해 대부분 좋은 의견을 적어주기 때문이다. 대다수 교사는 학생들을 평가할 때 냉정하지 못한 경향이 있다. 또 학생을 부정적으로 평가하면 죄를 지은 듯한 기분이 든다. 따라서 학생부만 보면 우리나라 청소년들의 인성은 세계 최고다. 이런 상황이다 보니 인성에서 변별력은 낮을 수밖에 없다.

그런데 여기에 플러스 요인을 만들고 싶으면 다음의 단어를 주목해야 한다. '협업', '갈등관리', '창의적 문제 해결', '공동체 및 사회적 가치' 등이다.

앞으로의 인재에게 요구되는 것은 창의적 문제 해결력이다. 그런데 문제가 복잡하기 때문에 타인과의 협업이 중요하다. 협업은 분업과 다르다. 다소 투박한 정의이지만 분업은 일을 여러 과정으로 쪼개서 나눠 맡는 것이고, 협업은 같은 목표 아래 각자가 자율성을 갖고 서로 조율하면서 일을 하는 것이다. 따라서 협업을 하다 보면 갈등이 생길 수 있다. 이를 잘 해결하는 것도 인성의 중요한 요소다.

다양성을 인정하는 사회일수록 공동체 의식이 중요하다. 또 본인이 하는 일에 있어 사회적 의미를 두는 것도 중요하다. 왜냐하면 공동체주의 아래에서의 다양성은 국가와 사회의 경쟁력이지만, 개인주의 아래에서의 다양성은 분열과 갈등의 씨앗이기 때문이다.

마지막은 '발전가능성'이다. 발전가능성은 플러스 알파와 같다. 그리고 알파값은 대학마다 다르다. 발전가능성의 핵심은 자기주도성이라고 본다. 대학은 자기주도성이 높은 학생을 좋아한다. 대학은 고등학교와 다르다. 고등학교에 입학하면 담임이 학생상담에 이어 학부모 상담을 한다. 2학기에도 한다. 고등학교 졸업 때까지 담임교사가 많은 걸 챙긴다. 하지만 대학은 그렇지 않다. 졸업 때까지 시스템 속에 학생을 놔둘 뿐이다. 문제가 생기면 학생이 알아서 관련 부서로나 교수실로 찾아가야 한다. 대학 입학 후 4년이 지나면 학생들마다 성장의 차이가 있다. 이는 자기주도성이 결정한다.

사회의 급격한 변화도 자기주도성을 요구한다. 왜냐면 대학에서 배운 지식과 경험의 유통기한이 짧아지고 있기 때문이다. 자기주도성이 높은 학생은 새로운 지식을 배우고, 새로운 경험을 하는 걸 두려워하지 않는다.

학생부 종합 전형 공통 평가요소 및 평가항목에서 학업능력, 전공적합성(상위권 대학은 계열적합성), 인성, 발전가능성에 대해 반영하는 비율은 대학마다 다르다. 이는 지원학생의 풀, 대학의 위치, 입학처와 교수 간 힘의 차이 등 다양한 요소가 관여할 수 있기 때문이다.

평가요소 및 평가항목에는 없지만 대학마다 인재상을 설정하고 있다. 그리고 인재상은 각 대학 홈페이지에 자세히 나와 있다. 하지만 너무 추상적이다. 또 그것을 곧이곧대로 믿는 사람은 없다. 그래서 다음을 준비했다. 개인적인 뇌피셜에 바탕을 둔 것이기에 가볍게 읽었으면하는 바람이다.

다양한 인재상의 단순한 이해

단순화는 세부사항으로 들어갈 때 오류가 생기지만 복잡한 요소를 쉽게 이해할 수 있다. 대학마다 원하는 인재상이 있다. 학생부 종합 전형을 지원할 때 학생, 학부모는 불안하다. 어떻게 그 많은 인재상에 맞출 수 있느냐고 걱정한다. 너무 맞출 필요 없다. 그냥 이렇게 생각하자.

공공인재 분야의 전문가인 고려대 염재호 전 총장은 두 가지 인재에 대해 말했다. 하나는 프로페셔널이며, 다른 하나는 스페셜리스트

대학별 다양한 인재상의 단순한 이해				
구분	I형	T형	π형	#형
특징	전공적합성	전공적합성+교양	융합	탁월
대학지원	중하위권 ◀━━━━━━━━━━━▶ 상위권			

다. 영어 알파벳으로 설명하면 편하겠다. 전자는 'T'이고, 후자는 'I'다. I는 전문분야에만 능숙한 인재고, T는 전문분야와 함께 일반적인 교양을 두루 갖추고 있는 인재다. 여기에 두 가지를 더 추가하자. 'π'와 '#'이다. π는 인문계열과 자연계열 모두 우수하며 교양 수준에서 융합이 가능한 인재다. 마지막으로 #은 인문계열과 자연계열 모두 뛰어나며, 교양과 학문 수준에서 융합이 가능하다. 문자 모양을 보면 직관적으로 이해될 것이다.

이를 대학별 학생부 종합 전형 인재상에 적용시켜보자. 서울대가 원하는 인재상은 #이다. 모든 분야에서 우수하다. 그래서 서울대는 전공적합성이 없다고 한다. 심지어 계열접합성도 없다고 한다. 단지 이렇게 표현한다. '고교교육과정을 성실히 이수한 학생'. 서울대에 지원하는 학생들은 모든 면에서 뛰어나야 한다.

연고대는 π형을 원한다. 인문과 자연 모두 잘하는 융합형 인재다. 예전 고려대 학생부 종합 전형 명칭이 '융합형 인재 전형'이었다. 서강대, 성균관대, 한양대도 π형을 좋아한다. 왜냐면 이 대학은 SKY를 아쉽게 떨어진 학생들이 주타깃이기 때문이다.

이는 정시에서 서울대의 모집군 이동을 보면 알 수 있다. 2015학년도 대입에서 서울대가 '나군'에서 '가군'으로 이동했다. 항간에는 최고의 대학이라는 자존심이 서울대를 '가군'으로 이동하게 만든 것이 아니냐는 해석도 있었다. 최근 2022학년도 대입에서 서울대는 다시 '나군'으로 회귀했다. 수능 이후 실기 준비 시간이 짧았던 게 회귀의 사유인 듯 싶다. 몇 년 사이 서울대의 모집군 이동은 두 번 있었다. 재미난 건 서울대 이동에 따라 여러 대학이 분주해진다는 거다. 그게 연고대, 서성한이다. 셈법에 따라 통째로 이사를 가든지 전략적으로 두 집 살림을 하든지 한다. '어떡하면 상위대에서 떨어진 학생을 잘 받을까'가 셈법의 중요한 기준이다.

다시 인재상으로 돌아가보자. 중상위 대학은 T형을 원한다. 전공적합 또는 계열적합성이 있으면서 두루 교양을 갖추고 있는 인재다. 이 대학들도 융합형 인재를 뽑고 싶다. 하지만 상위 대학이 다 데려가 버린다. 그들과 경쟁할 수 없다.

마지막은 I형 인재다. 많은 대학이 과거에 비해 학생들의 학업 능력이 떨어졌다는 것을 느끼고 있다. 그래서 중하위권 대학에서는 다른 건 부족하더라도 수업을 듣고 따라와줬으면 좋겠다고 생각한다. 다른 것보다 전공 관련 흥미와 소질만이라도 있었으면 좋겠다고 바란다. 상위 대학이 부정하는 전공적합성을 이 대학들에서 중요하게 여기는 이유다.

고등학교 학생들이 대학별 인재상에 맞춘다는 건 불가능에 가깝다. 하지만 해당 인재가 될 수 있는 깜냥이 있다는 건 보여줄 필요가 있다.

창의성과 엉뚱함은 어떻게 구별할까

학생부 종합 전형을 마무리하기 전에 한번 짚고 넘어갈 부분이 있다. 바로 창의성이다. 현재 학교 현장에 적용 중인 2015 개정 교육과정에서 목표로 하는 인재상이 '창의인성인재'다. 교육과정이 아니더라도 앞으로 사회에는 창의적 인재가 필요하다는 것은 이론의 여지가 없다.

그런데 뭔가 새롭게 하면 다들 창의적이라 여긴다. 하지만 창의성과 엉뚱함은 구별해야 한다.

여기 피아노를 부수는 사람이 두 명 있다. 한 명은 음악회장에, 한 명은 폐기물처리업체에 있다. 음악회장에서 많은 사람이 지켜보는 가운데 유명한 전위예술가이자 피아니스트가 나온다. 그는 침묵 속에서 갑자기 피아노를 망치로 내리친다. 폐기물처리업장에서 온몸이 구릿빛으로 물든 근육질의 사람이 무거운 해머로 피아노를 내리친다. 두 사람이 피아노를 부수는 행위에 대해 하나는 전위예술로, 하나는 파괴 행위로 여긴다. 그 차이를 만드는 것은 무엇일까? 아마 피아노를 얼마나 잘 치느냐일 것이다.

미국 영재원에 근무했던 한 교수의 일화를 소개한다. 어느 날 한 학부모가 어린아이를 데리고 와서는 흥분하면서 말한다. 자신의 아이가 대단한 영재성을 가지고 있다고 한다. 그리고 아이가 들고 있는 기타를 가리키며 아이에게 기타 연주를 하라고 한다. 아이는 기타를 타악기처럼 두드린다. 리듬감이 좋다. 학부모가 이어서 말한다. "정말 대단히 창의적이지 않아요? 기타를 타악기처럼 연주해요!" 교수가 아이에게 말했다. "그럼 기타를 원래대로 연주해보렴." 아이는 멍하니 있다. 기타 연주를 할 줄 모른다. 교수가 말했다. "어머니, 이 아이는 창의적인 것이 아니라 엉뚱한 것입니다."

창의성이냐, 엉뚱함이냐를 가르는 기준은 원래의 것을 얼마나 잘하느냐에 달려 있다고 본다. 우리는 아이들을 창의적으로 기르려고 한다. 그럼 먼저 기본을 가르쳐야 한다. 학생부 종합 전형을 준비하는 학생도 마찬가지다. 여러 화려한 활동을 덧붙이려고 하기보다는 학교에서 배우는 것을 정확히 알고 심화·확장하는 것이 무엇보다 중요하다. 이를 바탕으로 응용을 해야 창의성이 발휘되는 것이고 학생부 종합 전형에서 합격의 길로 들어설 수 있는 것이다.

학생부 위주(종합) 전형 준비하기

학생부 종합 전형은 학생의 성향과 잘 맞아야 한다. 수동적으로 지식을 받아들이기보다는 지적 호기심을 갖고 스스로 탐구할 수 있는 역량을 갖고 있어야 한다. 또 교육활동이나 행사에 적극 참여할 수 있어야 하고, 혼자서 할 때 잘하는 학생보다 타인과 함께할 때 더 큰 성과를 낼 수 있는 학생이면 더 좋다.

이런 모습을 가지고 있거나, 이런 모습으로 자신을 적극적으로 계발하고픈 학생이면 학생부 종합 전형을 적극 추천한다.

학종의 열쇠는 학생이 쥐고 있다

학생부는 학생활동에 대한 기록이기 때문에 학생이 움직여야 한다.

학생은 먼저 내신을 챙겨야 한다. 학종 전형이 교과 전형만큼 내신이 중요하지 않지만 '학업역량'은 엄연히 학종의 중요한 평가항목이다. 특히 전공이나 계열 관련 과목에서 좋은 성적을 받는 것은 중요하다. 예를 들어 물리학과를 희망하는데 수학과 물리 점수가 높으면 다른 과목이 상대적으로 낮더라도 긍정적으로 해석될 수 있다. 반면 다른 과목은 좋은데 수학과 물리 점수가 낮다면 거의 90% 이상 불합격한다고 보면 된다.

내신 관리를 위해 어려운 과목을 피하는 선택은 좋지 않다. 이는 교과 전형을 준비하는 데는 도움이 될지 모르지만 학종을 준비하는 데는 마이너스가 된다. 각 대학의 입학사정관들은 학생이 지원한 학교의 교육과정을 볼 수 있다. 대학에서 전공하기 위해 고등학교에서 들어야 하는 과목이 개설되어 있음에도 불구하고 학생이 내신 관리를 위해 피했다는 판단이 들면 학생의 내신이 좋더라도 긍정적인 평가를 받기 어렵다.

학생은 수업시간에 적극적이어야 하고, 수업시간에 배운 내용을 독서 등을 활용해 심화·확장할 수 있어야 한다. 앞서 학생부에서 중요하게 떠오른 것이 교과 세부능력 특기사항(과세특)이라 했다. 과세특이 좋게 기록되기 위해서는 수업시간에 적극적으로 참여해야 한다. 그리

3학년   전공 중심 활동

2학년   계열 중심 활동

1학년   전반적으로 폭넓은 활동

내용의 심화 와 활동의 확장

고 수업시간에 배운 내용을 심화·확장해서 다른 과목, 다른 교육활동과 연계시키는 것도 중요하다. 그래야 학생부가 유기적이 될 수 있다.

또 학생은 계획적으로 움직일 필요가 있다. 학종을 준비하면서 재미 위주의 동아리를 선택하는 것은 아니다. 학생의 역량을 계발할 수 있고 보여줄 수 있는 선택을 해야 한다.

3년간의 전체적인 그림을 그려보는 것도 좋다. 하지만 그것이 너무 명확하면 안 된다. 상황에 따라 유연하게 대처할 수 있어야 하기 때문이다. 전체 그림을 그릴 때 전공적합성에 너무 매몰되지 않아야 한다. 그보다는 피라미드 접근을 권하고 싶다. 1학년 때는 전반적인 활동을, 2학년 때는 계열 중심의 활동을, 3학년 때는 전공 중심의 활동을 하면 대입 전략을 수립하는 데도 크게 도움이 될 것이다.

마지막으로 학생은 교사를 적극 활용할 수 있어야 한다. 학생부를 기록하는 사람은 학생이 아닌 교사다. 그럼 교사가 학생의 활동을 관

144

찰, 평가할 수 있어야 한다. 학생이 혼자 조용히 활동을 하고는 교사에게 잘 적어주기를 기대해서는 안 되는 이유다. 활동을 하면서 교사에게 자문을 구하고, 보고를 하다 보면 학생이 따로 알리지 않더라도 교사는 학생의 활동을 상세히 알게 된다.

상위 대학과 상위 학과에 도전하고 싶다면

앞서 설명했듯이 학종은 수능 최저 등급 설정이 거의 없다. 의치한약수(의대·치대·한의대·약대·수의대)나 서울대, 연대, 고대를 비롯한 몇 개의 대학에만 일부 설정되어 있다.

생각해보자. 재학생이 상위 대학과 상위 학과에 갈 수 있는 가능성이 높은 전형은 어떤 것일까? 정시는 재수생, 반수생이 잡고 있다. 교과 전형은 상위권 대학에서 선발하는 인원이 적다. 그렇기 때문에 재학생들은 학종을 준비한다. 그럼 자연스레 수능도 챙겨야 한다.

또 수능 최저 등급 충족을 떠나 수능은 상위 대학과 학과에 지원할 수 있는 버팀목이 된다. 학생부 종합 전형은 조금씩 대학 서열에 균열을 내는 모습을 보였다. 대학서열화를 공고히 하는 것은 학생들을 일렬로 줄 세우는 정시 수능 위주 전형이다. 학종이 대학 서열을 균열내고 있는 단적인 예로는, 학종으로 서울의 중위권 대학에는 떨어졌는데 서울대에는 합격하는 사례를 들 수 있다. 그 학생들의 입장에서 봤을 때는 서울대 위에, 학생을 떨어뜨린 중위권 대학이 있는 거다.

그만큼 학종에서 합격을 예측하기가 어렵다는 이야기다. 따라서 수능 성적이 안 좋을 경우는 내신과 학교활동에 상관없이 수시를 지원할 때 안정적으로 합격할 수 있는 대학과 학과를 몇 개 지원해야 한다. 그런데 만약 수능 성적이 잘 나온다면 과감하게 상향 지원을 할 수 있으며 그 속에서 만족할 만한 결과를 얻을 수도 있다.

이처럼 상위 대학과 학과의 경우 수능이 수시 지원에 막대한 영향력을 행사한다.

비교 무위 전략 ①
지원자 대비 나의 위치를 파악하라

학종 전형의 재미난 점은 눈치 싸움이 다른 전형에 비해 크지 않다는 점이다. 학생들은 3년 동안 특정 학과나 계열을 위해 꾸준히 활동해왔기 때문에 마지막에 경쟁률을 보고 방향을 튼다는 것은 커다란 위험을 감수하지 않고서는 불가능하다. 이를 역으로 생각해보면 방향을 틀 수 있는 유연성이 있다면 합격 확률을 높일 수 있을 것이다. 그래서 피라미드 접근이 중요하다. 1학년 때부터 전체, 계열, 전공 순서로 활동을 심화시키는 것이다.

그렇게 하게 되면 학생의 학종 준비 방향 변경과 외부 대입 환경

변화에 유연하게 대처할 수 있다. 이전 대입 데이터와 최근의 대입 경향, 고2, 3 담임교사와의 상담 등을 통해 학생이 어디에서 비교우위를 가지게 될지를 고려해서 남은 기간 최적의 대입 전략을 세울 수 있다.

학종의 합격을 좌우하는 것은 지원하는 학생들 대비 '나의 위치'다. 학종은 절대적인 기준이 있는 것도 아니고, 배치표가 있는 것도 아니기에, 또 활동 내용이 학생들에 따라 다 다르기에 매해 지원풀이 달라진다. 그래서 흐름을 잘 파악하고 자신의 학생부가 비교우위를 점할 수 있는 대학과 학과를 적극 고려해서 지원해야 한다.

생명과학과를 예로 들어보겠다. 많은 대학에서 생명과학과의 학종 입결을 분석해보면 내신과 학교활동에서 최상인 학생들이 많이 지원하고 합격한다는 걸 알 수 있다. 그 이유는 두 가지 정도로 추측해볼 수 있다. 생명과학과는 애초 의치한약수를 고려했던 학생들이 지원하는 경향이 있다. 처음에는 의치한약수를 준비하다가 수능 최저 등급을 맞추기 어렵다든지, 그곳에 지원하기에는 뭔가 부족하다고 판단될 경우 많이 지원한다. 두 번째는 여학생 상위 그룹 학생들이 많이 지원한다는 것이다. 여학생들이 대학 졸업 후 취업을 위해 자연계를 선택할 경우 생명과학 관련 학과를 고려하는 경우가 많다. 물리학은 애초 생각이 없었고, 지구과학은 그나마 만만하나 졸업 후 취업을 생각하면 막막하다. 그럼 화학과 생명과학인데, 생명과학은 사람과 직접 관련된 것이라 친근하다.

이 경우 내신과 학교활동이 좋더라고 생명과학과에 합격할 것이란 보장을 하지 못한다. 다들 뛰어난 학생들이라 비교우위에 설 수가 없다. 따라서 학종을 준비할 때는 학생이 비교우위에 설 수 있도록 더 많은 노력과 활동을 하든지, 비교우위에 설 수 있는 학과를 전략적으로 선택하는 것이 합격의 관점에서는 잘한 것이라 할 수 있다.

비교 우위 전략 ②
좋아하는 것보다 잘하는 것을 우선 고려하라

잘하는 것과 좋아하는 것 중 어느 것에 더 집중해야 할까? 질문을 바꿔 입학사정관들은 특정 영역을 잘하는 학생을 선호할까, 좋아하는 학생을 선호할까? 가장 모범 답은 잘하면서도 좋아하는 학생이다. 그런데 그 두 가지가 같지 않다면 선택의 문제가 생긴다. 질문을 더 좁혀보자. 화학공학과 입학사정관이다. 두 명의 학생이 있다. 한 명은 수학과 화학 성적이 좋다. 그런데 관련 교내활동이 많지 않다. 다른 한 명은 관련 교내활동이 풍부하다. 하지만 수학과 화학 성적이 좋지 않다. 어느 학생을 뽑아야 할까? 물론 상위권 학교면 둘 다 뽑고 싶지 않을 거다. 그래도 뽑아야 한다면 전자이지 않을까?

학생이 목표하는 학과나 계열을 설정할 때 가장 먼저 고려해야 할 것은 학생의 관련 분야 능력과 재능이다. 따라서 내신 성적에서 어느 과목이 타 과목 대비 비교우위에 있는지를 잘 파악해야 한다. 그리고 그 과목들을 중심으로 학과나 계열을 설계하고 관련 교육활동을 덧붙이는 게 좋다. 학종 평가영역에서 학생들을 평가할 때 대개 학업역량, 진로역량, 공동체역량을 평가한다. 네 영역으로 나누면 학업, 전공적합성, 인성, 발전가능성이다. 이 중 학업역량이 가장 기본이다.

학업역량 평가의 기본은 관련 과목 내신이다. 지원하려는 학과(계열)와 연관된 과목의 내신이 상대적으로 우수해야 한다는 말이다. 따라서 학생이 좋아하는 분야라도 관련 과목 내신이 받쳐주지 않는다면, 비교우위에 있는 과목들을 중심으로 학종을 재설계하는 것도 좋은 전략이다.

학교 선택이 무엇보다 중요하다

학종을 준비하려면 학생도 중요하지만 학교도 무척 중요합니다. 두 가지 측면에서 그렇습니다. 먼저 학교는 학생들에게 마당이 되어야 합니다. 그 마당에서 학생들은 마음껏 활동하면서 자신의 역량을 계발하고 드러내야 합니다. 하지만 학교가 학생들에게 주입식 교육만 하고, 학생들을 통제하려 들면 학생부에 학생이 어떤 능력과 잠재력이 있는지 드러낼 수 없습니다. 단지 '무엇을 배웠음', '잘 이해함', '특강을 들었음', '폭력예방교육에 참여했음' 등 대부분 수동적인 표현과 의미 없는 문구만 기록될 것입니다. 학교가 마당이 된다는 건 학생 중심의 다양한 활동프로그램이 있어야 한다는 것입니다. 수업 시간도 마찬가지고요.

두 번째는 교사의 역량이 뛰어난 학교가 좋습니다. 교사의 역량은 학생부 종합 전형에 대한 이해를 바탕으로 합니다. 학생부는 두 가지 이유로 존재합니다. 하나는 상급 학년 담임에게 학생의 정보를 알리기 위함이요, 다른 하나는 대입을 위한 것입니다. 대입에서 학생부를 최대한 활용하는

150

전형은 학종 전형입니다. 그럼 학생부를 기록할 때 입학사정관들에게 학생의 모습을 어필할 수 있어야 합니다. 가뜩이나 학생부 기록이 축소되었으니 입학사정관들이 좋아할 만한 요소들을 콕콕 찍어 낼 수 있어야 합니다. 당연히 학종을 이해하고 있는 교사와 그렇지 않은 교사의 기록은 차이가 날 수밖에 없습니다.

특목고와 자사고 지원도 적극적으로 고민할 필요가 있습니다. 지원 자격은 되는데 자사고, 특목고 지원을 망설였던 건 내신에서의 어려움이 컸습니다. 하지만 2028 대입정책에서 나온 5등급 평가제는 특목고, 자사고 지원의 심적 허들을 다소 낮춰주었습니다.

특히 학생이 인문계 성향이 강하고 외국어에 자신이 있다면 외고가 좋은 선택지가 될 것입니다. 학종에서 블라인드를 하더라도 학생부에 적힌 교과과목들로 입학사정관들은 단번에 외고 학생임을 알 수 있습니다. 외고에 진학하더라도 이전보다 내신의 압박이 덜해지는데 일반고와는 수준이 다른 교육프로그램들이 늘려 있는 것입니다. 그러니 인문계 학생부 종합평가에서 외고 출신은 무척 메리트가 있습니다.

수시는 왜 지원 횟수에 제한을 걸까?
또 왜 6회일까?

대입에서 수시 지원 횟수는 6회다. 정시는 대학들을 가, 나, 다군으로
분류했기 때문에 군별 한 번씩 해서 총 세 번 지원 가능한 건 알겠다.
그런데 수시는 군으로 대학을 분류한 것도 아닌데 왜 지원 횟수의 제
한을 걸어두었을까?

심지어 6회보다 더 많이 지원할 '수도' 있다. 6회 제한은 일반대와
교육대만 대상으로 한다. 그 외 산업대나 특별법에 의해 설립된 대학,
전문대 등은 횟수에 포함되지 않는다. 그래서 이과 계열 학생의 경우
상위권 대학에 지원이 가능하면, IST계열(KAIST, GIST, DIGIST, UNIST
등)의 학교에도 추가로 지원하는 경향이 있다. 참고로 포항공대는 일
반대 중 사립대에 해당한다. 따라서 6회 제한에 포함된다.

수시 지원 제한은 2013학년도 대입부터 시행되었다. 그 이전에는
지원 횟수에 제한이 없었다. 그래서 일부 학생들은 100회 이상 지원

대학 유형					
유형	일반대	교육대	산업대	특별법 대학	전문대
대학	국립대 사립대	교대	청운대 호원대	IST 계열 사관학교 KENTECH 경찰학교 등	국공립대 사립대
6회 제한	○	○	×	×	×

하기도 했다. 학부모들은 응시원서비에 면접, 논술 준비 등으로 추가적인 사교육비가 부담스러웠다. 그래도 아이의 미래가 달려 있기 때문에 경제적 어려움을 감내해서라도 도와주고 싶었다. 아이가 합격만 한다면 100번이고 200번이고 지원을 하려고 했다. 대학도 대학 나름대로 어려움이 있었다. 무제한 지원으로 경쟁률은 높아지지만 그만큼 충원율도 올라갔다. 때론 경쟁률은 허수에 불과했다. 소위 '빵꾸'가 나기도 했다.

교육부는 학부모의 부담 경감과 대입의 안정적 운영을 위해 수시 지원에 제한을 걸었다. 그럼 왜 6회일까? 그 근거는 무엇인가? 그건 통계를 기반으로 했다. 당시 수험생들의 지원횟수를 조사해보니 80%가 6회였다고 한다.

가끔 이런 생각이 든다. '6회를 초과해서 지원하면 어떻게 될까?' 매해 6회를 초과해서 지원하는 사례가 발생한다. 6회를 초과하면 대입 원서를 작성하는 유웨이 어플라이나 진학사 어플라이에서도 경고 문구가 나온다. 그럼에도 불구하고 결제까지 하는 수험생이 있다. 그러면 한국대학교육협의회에서 모니터링을 하고 있다가 6회가 넘어 지원한 대학과 수험생에게 연락을 준다. 6번을 초과 지원한 대학은 원서 접수가 취소된다. 그래도 걸러지지 않은 경우가 발생한다. 만약 6회를 초과해서 지원한 대학에 합격한다면 추후 합격이 취소된다. 원서 접수가 무효화되기 때문이다.

논술 위주 전형

논술 전형은 논술이 아니다. 자연계 논술을 보면 가장 극명하게 드러난다. 특히 수리 논술은 자신의 주장에 대해 논리적 근거를 들어 설명하는 게 아니다. 문제를 보고 풀이과정을 쓰며 마지막에 정답을 쓴다. 수학 문제 풀이다. 인문계 논술도 마찬가지다. 얼핏 보면 논술 같지만 틀이 정해져 있다. 답 또한 대부분 정해져 있다. 왜냐면 채점하는 평가자들이 일관성을 갖고 채점해야 하기 때문이다. 표준화에서 벗어난 창의적 답은 대부분 감점의 대상이 된다.

애초의 논술은 그렇지가 않았다. 논술의 정체성을 갖고 있었다. 하지만 더 우수한 학생을 뽑고자 하는 열망과 공정성의 가치가 충돌하면서 오늘날의 모습을 갖추게 되었다.

구분	태동기	1기	2기	3기
배경	본고사 금지	수능의 탄생과 함께	통합교과형논술	공교육정상화법
특징	2년 후 폐지	시사문제 등	교육과정을 넘어선 출제	교육과정 내에서 출제

논술 전형은 1986학년도 대입에서 등장했다. 하지만 2년 후 폐지된다. 그러다 1994학년도에 수능이 처음으로 실시되면서 부활한다. 수능은 학생평가의 보조수단으로 설계되었기 때문에 또 다른 평가수단이 필요했다. 그 역할을 논술이 한 것이다. 문제 유형은 시사문제 등 논술 본연의 모습과 가까웠다.

하지만 2000년대 초 내신절대평가의 도입으로 학생변별력을 강화해야 했다. 내신 부풀리기 등으로 논란이 많았던 절대평가 결과를 그대로 신뢰할 수 없었다. 이에 논술은 통합교과형으로 진화한다. 이내 문제가 발생한다. 교육과정을 넘어선 문제가 출제되면서 많은 이들의 원성을 샀다. 인문계 논술의 경우 해외논문을 직역해서 제시문으로 활용했다. 출제자만 내용을 이해했지 풀이를 해주는 교사나 심지어 대학교수들도 이해 못 한 문제들이 많았다. 자연계 논술은 대학과정을 배워야 풀 수 있는 문제들도 있었다. 결국 논술은 사교육의 끝판왕으로 치달았다.

그러다 2014년 제동이 걸렸다. 공교육정상화법이 시행된 것이다. 문제는 교육과정 내에서 출제해야 한다. 이를 위반할 시 제재가 가해진다. 이후 현재까지 논술은 교과를 기반으로 한다. 그럼 교과를 기반으로 어떻게 출제하는가? 이는 논술의 주요 유형을 살펴보면 된다.

다양함 속의 몇 가지 패턴

논술 문제 출제는 대학의 자유다. '고교교육과정 내'라는 원칙만 지키면 된다. 그래서 대학마다 논술 문제가 다르다. 이는 논술에서 중복합격이 보기 드문 이유와 연결된다. 하지만 대학별 논술 문제를 멀리 떨어져서 살펴보면 몇 가지 유형으로 묶을 수 있다.

다음 페이지 표를 보면 인문계 논술의 유형에 수리와 교과형 논술이 있는 것을 확인할 수 있다. 인문에 수리 논술이 웬 말이냐 할 수 있지만, 인문에서는 상경계열이 수학을 많이 활용하기 때문에 수리 능력도 논술로 확인하고자 한다. 사회과학계열도 통계 등을 학문연구에 활용한다. 교과형 논술은 단답형이나 간단한 서술을 요구하는 문제라고 보면 된다. 주로 적성고사를 보던 대학들이 논술 전형을 실시하면서 생겨난 유형이다. 적성고사는 공정성 강화방안에서 폐지를 언급했기 때문에 더 이상 대학에서 활용할 수 없다.

자연계 논술에서 대부분을 이루는 유형은 '수리'다. 수학만 보는 것

구분	인문					자연			
	논술 유형								
유형	요약, 비교/대조, 비판	그래프/표/시각자료 분석, 추론	수리	교과형		통합	수리	수리+ 과학	교과형

이다. '수리+과학'의 경우는 일부 대학의 의예과에서 활용한다.

논술은 1986학년도 대입에서 생긴 이후 여러 변화를 겪어왔다. 현재는 고교교육과정 내에서 출제하고 있다. 그래서 어느 때보다 교과학습, 그리고 교과에 나오는 개념의 이해가 중요해졌다. 학생들이 학교에서 수업을 열심히 들어야 하는 이유다. 인문계 논술을 보면 통합사회, 사회문화, 윤리와 사상, 생활과 윤리, 경제, 정치와 법 등에서 많이 출제된다. 교과서의 내용을 직접 발췌하는 경우도 있고, 교과서의 개념과 내용을 담은 외부 지문을 끌고 와서 문제를 출제하기도 한다.

자연계 논술은 수학, 수학 I, 수학 II, 미적분, 기하, 확률과 통계 등에서 출제되며, 과학의 경우 물리학, 화학, 생명과학 등에서 출제된다. 과거에는 지구과학도 출제되었지만 최근에는 소수의 대학을 빼곤 사라지는 추세다.

대학별로 어떤 유형의 문제가 출제되고 있고, 고교교육과정 중 어느 과목에서 출제되는지 확인하려면 대학에서 제공하는 자료를 적극 활용해야 한다.

대학에서 주는 논술자료 패키지

학령인구 감소에 따라 대학의 학생 '선발권'보다 학생의 대학 '선택권'이 더 중요해지고 있다. 대학은 이제 학생들에게 친절해야 한다. 선망을 받는 대학이 아닌 이상 학생들을 불친절하게 대했다가는 대학의 위치가 떨어질 수 있다. 극단적으로는 대학의 생존까지 위협받을 수 있다.

대학은 친절해야 한다. 이를 위해 논술 출제팀의 협조를 얻어 논술자료 패키지를 만든다. 패키지에는 기출문제, 논술가이드북, 모의논술, 모의논술 해설 강의 등을 담고 있다. 교육부에서 대학들에게 필수 아이템으로 '선행학습영향평가'도 포함시키라고 했다. 하지 않으면 늘 그렇듯 '제재'다.

대학 입학처 홈페이지에 기출문제, 논술가이드북, 모의논술 일정, 모의논술 후 동영상 강의 등이 있다. 논술을 지원하는 학생이라면 이를 적극 활용해야 한다.

기출문제는 대학 입학처 홈페이지에 가보면 지금까지 실시한 문제를 모두 구할 수 있다. 논술을 준비하는 데 있어 가장 중요한 것 중 하나는 기출문제다. 기출문제와 똑같은 문제는 절대 출제되지 않는다. 그럼에도 불구하고 기출문제를 여러 번 반복해서 보는 것은 그 속에 문제출제 원리와 출제자의 의도가 담겨 있기 때문이다.

논술가이드북은 책자로 만든다. 주로 대학에서 일선 고등학교로 보내기 때문에 학교에서도 확인할 수 있다. 여기에는 해당 대학의 논술에 대한 정보를 폭넓게 다루고 있다. 문제의 유형, 평가방식, 출제근거, 고교교육과정과의 연계 등을 확인할 수 있다.

모의논술은 1학기 중에 실시한다. 온라인으로 하는 방식과 직접 해당 대학에 가서 하는 방식, 또는 둘을 병행하는 방식 등이 있다. 모의논술은 당해 대학 논술팀의 출제 경향을 확인해볼 수 있는 기회이기 때문에 논술을 준비하는 학생이면 필히 참여하는 것이 좋다. 모의논술 접수는 대부분 선착순이라 조기에 마감될 수 있다.

모의논술이 끝나면 대학들은 해설 강의를 홈페이지에 업로드한다. 논술가이드북에 있는 것이 전반적인 정보였다면, 해설 강의에서는 구체적으로, 또 실제로 가이드북의 내용이 어떻게 적용되는지를 확인해볼 수 있는 기회를 제공한다.

대학에서 제공하는 논술 패키지의 끝판왕은 선행학습영향평가다. 이제 선행학습영향평가에 대해 이야기해보자.

면접을 보면 남학생과 여학생 중 누가 잘 볼까? 여학생이다. 왜 그럴까? 여학생은 상대방이 원하는 것을 잘 캐치해서 대답한다. 자신이 말하고 싶은 것보다 상대방이 듣고 싶어하는 대답을 잘한다. 반면 남학생은 상대방의 의도보다는 자신의 생각 표출을 중요하게 여긴다. 때로는 자신이 무얼 알고 있는지, 이를 어떻게 표현해야 하는지 몰라 난감해 한다. 본인이 뭘 생각하고 있는지도 잘 모르는 경우가 많다. 절대적인 건 아니고 대체로 그런 경향이 있다는 거다.

논술고사에서의 최고 답안은 뭘까를 생각해보자. 당연히 출제자의 의도에 맞게 쓰는 답안이다. 논술 답안이 아무리 논리적이고 완벽하더라고 출제자가 의도한 걸 놓치면 낮은 평가를 받을 수밖에 없다. 그럼 출제자의 의도를 잘 캐치하려면 어떻게 해야 할까?

과거에는 대학별 논술기출문제를 분석해서 문제의 특성, 의도한 답안 구성, 평가기준 등을 추론했다. 하지만 지금은 그럴 필요가 없다. 선행학습영향평가라는 것이 있기 때문이다. 선행학습영향평가는 입시전형을 마무리하고, 다음 학년도의 3월 말에 대학입학처 홈페이지에 공지한다. 이를 보면 기출문제, 출제자의 의도, 고교교육과정과의 연계성, 채점기준 등을 알 수 있다.

논술을 준비하는 학생이라면 다음의 과정을 거쳐야 한다. 먼저 선행학습영향평가를 확인한다. 희망하는 대학에 합격하기 위해서는 출제자가 원하는 답을 해줘야 하기 때문이다. 그리고 당해 대학별로 보는 모의논술에 응시한다. 이후 모의논술 해설영상과 선행학습영향평가에 나와 있는 출제의도, 답안구성, 채점기준 등이 어떻게 적용되어 있는지를 확인한다.

그런데 막상 논술 시험장에 가면 지금까지 공부했던 기출문제나 모의논술은 절대 나오지 않는다. 중요한 것은 시험장에서 보는 문제는 동일한 평가 원리에 따라 출제됐다는 점이다.

논술 전형의 게임체인저,
선행학습영향평가의 탄생 배경

우리나라에서 관(官)은 여전히 힘이 세다. 그래서 대학 간판이 중요하고 인맥을 어떻게 만드냐가 이후의 삶을 결정한다. 관피아, 모피아, 법피아라는 말이 그냥 있는 것이 아니다. 과거에는 성공하려면 KS마크를 달아야 했다. 경기고를 나오고 서울대를 가야 했다.

이런 사회적 분위기 때문에 고등학교 학생들은 교육과정을 충실히 이수하기보다는 오로지 대입에만 혈안이 되어가고 있다. 어느 대학에 들어갔느냐가 향후 사회 계층에 영향을 준다는 강한 믿음을 갖고 있다. 이는 수업에도 영향을 끼친다. 논술과 정시를 준비하는 학생들은 학교 수업은 뒷전이 된다. 학교보다는 사교육의 도움을 받아 좋은 간판의 대학에 가면 그만이다. 결과가 좋으면 과정을 좋게 해석하는 법이다. 비록 학교에서 수업했던 교사가 누구인지 모를지라도 말이다.

한때 이러한 교실 붕괴에 논술이 한몫했다. 논술문제가 고교교육과정을 뛰어넘어 출제되었던 것이다. 난도가 비정상적으로 높았다. 원인을 세 가지로 봤다. 첫째, 상위권 학생을 변별하기 위해선 난도가 높아야 한다. 둘째, 대학교수는 고등학생들의 수준을 잘 모른다. 셋째, 채점이 편하다. 답안이 비어 있거나 엉뚱한 답안을 쓴 학생이 많으면 채점이 편하다. 예전 논술 문제는 일선 교사들에게도 큰 도전이었다. 그래서 많은 학교에서는 논술지도를 포기했으며 그 자리를 사교육이 담당했다.

정부가 나섰다. 그래서 2014년 '공교육정상화법'이 시행됐다. 이제 논술문제는 고교교육과정을 넘어서면 안 된다. 선행학습영향평가를 해서 위반하는 대학이 있으면 모집 인원 정지와 지원금으로 징계를 줄 수 있게 됐다. 지원금은 고교교육 기여대학 사업 등이다.

선행학습영향평가는 대학에서 대입 전형 중 고교교육과정을 넘어선 것이 있는지를 평가한 보고서다. 주로 면접 문제와 논술이 대상이 된다. 물론 가장 큰 것은 논술이다. 1차로 대학에서 자체 평가를 하며, 2차로 교육부에서 확인한다. 선행학습영향평가로 인해 논술 문제 출제 범위를 고교교육과정으로 제한하니 난도가 하락했다. 이는 논술 전형의 모집 인원 감소로 이어진다.

선행학습영향평가가 쏘아 올린 작은 공

논술의 시험 범위를 고교교육과정으로 제한하니 문제가 예전보다 쉬워졌다. 제한에 묶인 논술은 매력을 잃어갔다. 그래서 대학들도 논술 선발 인원을 줄여갔다. 이에 발맞추어 '대입제도 공정성 강화방안'이 발표되면서 대입제도로서의 논술 전형은 설 자리를 더욱 잃어갔다. 강화방안에 이런 문구가 있었기 때문이다.

"고교에서 준비하기 어려운 논술위주 전형과 특기자 전형을 단계적으로 폐지하여"

대학은 논술 선발 인원을 줄여갔다. 그중 인문계 인원을 더 많이 줄였다. 자연계 논술은 수학이나 과학으로 아직은 변별을 할 수 있었다. 이에 반해 인문계 논술은 변별력이 약했다. 항간에는 글씨체가 예쁜 학생이 합격한다는 말도 있었다. 물론 이는 사실과 다를 거다. 하지만 이런 말이 나오게 된 것은 인문 논술의 변별력이 많이 둔화되었음을 방증한다.

그렇다고 자연계 논술 출제에 어려움이 없는 것은 아니다. 자연계 논술에서 변별력이 약화되면서 최상위권에서 문제를 발생시켰다. 최상위권은 의대다. 의대 논술은 경쟁률이 기본 몇백 대 일이다. 고교교육과정 내에서는 최상위권 학생들의 능력을 판별할 수 있는 문제를 출제하기 어려웠다.

결국 문제가 터졌다. 서울대는 논술이 없으니 논술로 갈 수 있는 최상위 의대는 연세대다. 지원자들을 어떻게든 가려내려는 노력이 그만 선을 넘고 말았다. 고교교육과정을 벗어난 것이다. 그것도 두 번씩이나. 결국 교육부로부터 제재를 받았다. 제재는 모집 인원 일부 정지와 고교교육 기여대학 제외로 지원금 미지급이었다.

이후 연세대는 의대 논술을 폐지한다. 이러한 고충은 연세대 의대만의 문제가 아니었다. 타 대학 의대도 비슷한 상황을 겪었다. 그래서 논술 전형에서 의대는 조금씩 사라지고 있는 추세다. 한양대 의대 논술이 폐지됐고, 울산대 의대 논술도 폐지됐다.

논술 합격 가능성 하락의 쌍두마차

다시 복습해보자. 선행학습영향평가는 논술 문제를 고교교육과정 내에서 출제하도록 한 것이다. 자연히 논술 문제의 변별력은 떨어졌다. 논술 전형이 매력을 잃어가자 대학은 논술 선발 인원을 줄인다. 줄어든 선발 인원으로 인해 논술 경쟁률은 상승하고 그에 따라 합격 가능성도 감소한다.

그럼 정시 확대는 합격률 하락과 어떤 관계가 있을까?

수시는 정시로 갈 수 있는 대학보다 상위인 대학에 지원한다. 만약 학생의 학력평가 점수를 수능으로 환산했을 때 건국대에 갈 수 있다면 수시에서는 건국대 이상의 대학에 지원한다. 그 이하의 대학에 수시를 지원했을 경우 높은 수능 점수를 받더라도 납치될 수 있기 때문이다.

수시는 곧 점프다. 학생의 도약대가 '내신'이라면 교과 전형으로, '활동'이라면 학종 전형을 지원한다. 논술은 대개 그 둘이 안 되면 고려한다. 그래서 정시를 최우선으로 생각하는 재학생이나 재수생들은 수시로 논술을 준비한다. 정시를 최우선으로 고려한다는 건 교과나 종

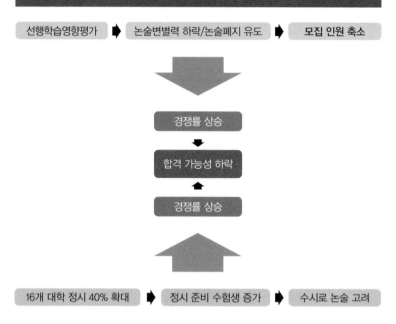

주요 대학 논술 전형 합격 가능성 하락(흐름도)

선행학습영향평가 ▶ 논술변별력 하락/논술폐지 유도 ▶ 모집 인원 축소

경쟁률 상승

합격 가능성 하락

경쟁률 상승

16개 대학 정시 40% 확대 ▶ 정시 준비 수험생 증가 ▶ 수시로 논술 고려

합으로는 자신이 원하는 대학이나 학과로의 점프가 어렵다는 걸 전제하는 것이다.

'대입제도 공정성 강화방안'으로 학생들이 선망하는 16개 대학은 정시 수능 위주 선발 인원을 전체 선발 인원의 40% 이상으로 확보해야 한다. 대입에서 정시 수능 위주 전형이 전국적으로 줄어들고 있는 것과는 반대 행보다. 이제 상위권 대학은 모든 전형 중에서 정시 수능 위주로 가장 많이 선발한다. 상위권 대학을 노리는 재학생, 재수생, 반수생 등은 대부분 정시를 준비한다. 정시를 최우선으로 고려한다면 당연히 수시에서는 어떤 전형을 주로 쓸까? 논술이다.

논술 모집 인원 축소에 지원자 확대는 경쟁률의 상승을 불러오고, 이는 곧 합격 가능성 하락으로 연결된다.

논술 전형에 대한 또 다른 해석

예전에는 논술 전형을 '일반전형'이라 부르는 대학들이 많았다. 일반전형은 수시에서 가장 많은 인원을 선발하는 전형에 붙이는 명칭이었다. 그러던 논술 전형이 세월을 감당하지 못하고 많이 축소되었다. 예전만큼 수험생이 노리는 주요 전형이 아니다. 치솟는 경쟁률에 합격 가능성도 많이 낮아지고 있다.

하지만 여전히 논술 전형은 매력이 있다고 홍보하기도 한다. 이땐 당연히 숫자 데이터를 절묘하게 활용한다. 주요 홍보 내용은 '논술 전형의 모집 인원은 증가했다.' '수능 최저 등급 완화로 진입 장벽이 낮아졌다.' 그리고 '내신이 안 좋더라도 합격 가능하다.' 등이다.

그럼 이 말을 하나씩 살펴보자. 먼저 '논술 전형의 모집 인원은 증가했다.'라는 말은 일면 맞지만, 자세히 보면 그렇지가 않다.

2025학년도 대입에서 논술 전형 모집 인원은 1만 1,266명으로 전년 대비 52명 늘었다. 하지만 세부적으로 보면 고려대(344명), 을지

최근 논술 전형 모집 인원 변화					
구분	2025학년도	2024학년도	2023학년도	2022학년도	2021학년도
인원	11, 266명	11, 214명	11,016명	11,069명	11,162명
전년 대비 증감	+52명	+198명	−53명	−93명	

대(167명), 신한대(100명), 상명대(85명)가 신설되었고, 서경대(179명)가 폐지되었음에도 전체적으로 52명밖에 늘지 않았다. 2024학년도에는 전년도보다 198명이 늘었다. 이는 동덕여대, 한신대, 삼육대 등이 논술 전형을 신설하면서 369명이 더해진 결과다. 그리고 2022학년도 대입을 보면, 전년도 대비 93명이 줄었지만 실상은 그렇지가 않다. 2022학년도 대입부터는 적성고사가 폐지된다. 그래서 적성고사를 보던 가천대, 고려대(세종), 수원대 등이 논술 전형을 신설했으며 이 대학들의 모집 인원은 1,816명이다. 또 이때부터 약학전문대학원을 학부로 전환했다. 전국적으로 논술로 54명을 뽑았다. 이렇게 본다면 학생들이 선망하는 학교에서 논술 전형으로 모집하는 인원을 계속 줄고 있었다고 보면 된다.

다음은 '수능 최저 등급 완화로 진입 장벽이 낮아졌다.'이다. 정말 진입 장벽이 낮아졌을까? 단순하게 생각해보자. 논술 전형의 수능 최저 등급이 2등급이고, 매해 비슷한 수의 수험생이 최저를 맞춰 시험에 응시한다고 가정한다. 그럼 수험생 100만 명이었을 때 2등급은 백분위 상위 11%까지이니 11만 명이 된다. 11만 명이 최저를 맞추고 시험에 응시한다. 그런데 수험생이 45만 명이었을 때 11만 명은 백분위 상위 24.4%에 해당한다. 등급으로는 4등급에 해당한다. 따라서 학령 인구가 감소하면 자연스레 수능 최저 등급은 완화되는 게 맞다.

마지막은 '내신이 안 좋더라도 합격 가능하다.'라는 말을 알아보자. 이를 이해하기 위해서는 1990년대와 2000년대로 돌아가야 한다.

죽음의 트라이앵글이 남긴 흔적

이 주제는 수능으로부터 시작해야겠다. 수능은 애초 평가의 보조수단 이었다. 왜냐면 5지선다에서 운으로 한두 개 더 맞추고 덜 맞추는 것 으로 학생들의 능력을 판단할 수 없었기 때문이었다. 그래서 주요 대 학들은 추가 도구가 하나 더 필요했다. 논술이었다.

입시가 수시와 정시로 이원화되는 과정에서 논술은 수시에서 가 장 많이 뽑는 전형이 되었다. 그래서 논술 전형이라 부르지 않고 일반 전형이라 부르기도 했다. 하지만 문제가 발생했다. 학생들이 학교에서 수업을 안 들었다. 대입에서 가장 중요한 수능과 논술을 사교육으로 해결했다.

'교실 붕괴'라는 말이 또다시 오르내린다. 정부에서는 이를 묵과할 수 없었다. 또 돈으로 대학을 압박했다. '논술에 교과를 반영해라.' 이

대학	반영비율			석차 등급 점수 기준								
	논술	교과		1	2	3	4	5	6	7	8	9
		교과	반영교과									
○○대	70	30	국영수사과	30	29.7	29.4	28.5	27.0	21.0	15.0	9.0	0
□□대	60	40	전 과목	40	38.4	36.8	35.2	33.6	28.0	20.0	8.0	0
△△대	80	20	국영수사	20	19.8	19.6	19.0	18.0	17.0	15.0	13.0	0

말 한마디로 2008학년도 대입에서 드디어 완성됐다. '죽음의 트라이
앵글'이다. 대학에 가기 위해서는 한 가지만 잘하면 안 된다. 수능, 논
술, 내신 모두 놓치면 안 됐다.

하지만 대학은 내신(교과 성적)을 믿을 수가 없었다. 전국의 모든 고
등학교가 평준화되어 있고 동일한 시험을 본다면 모르겠다. 현실은 고
등학교마다 실력의 편차가 너무도 컸다. 대학은 고민했다. 정부의 말을
안 들을 수는 없다. 그런데 내신의 영향력이 커지는 것은 원치 않았다.

그래서 조건을 내건다. '교과 40% 반영', '30% 반영'이다. 교과 반
영비율이 높아짐에 따라 학생, 학부모는 괴롭다. 이때 대학 입학처에
서 살짝 다가가 말한다. "모집요강을 보셨어요? 뒤에 자세히 보시면
1등급은 400점, 2등급은 399.5점, 3등급은 399점, 4등급은…"

명목반영률은 40%지만 실질반영률은 얼마 안 되었다. 그런데

지금은 이마저도 의미 없다. 논술을 보는 대학 중에서 일부는 논술 100%로 하고 있기 때문이다. 이젠 수시에서 일반전형은 논술이 아니었다. 그래서 논술은 예전처럼 정부의 주감시 대상이 아니다. 교과를 반영하지 않더라도 정부에서 말이 없다.

몇몇 대학은 논술 전형에 여전히 교과를 반영한다. 아마 두 가지 의미로 활용하는 듯하다. 하나는 동점자 처리용이고, 다른 하나는 미꾸라지를 걸러내는 용이다. 미꾸라지라는 말에 어폐가 있긴 하지만 직관적 이해가 가능하기에 사용한다. 중위권 대학은 우수한 학생을 모집하는 것도 중요하게 여기지만 미꾸라지의 유입도 막아야 한다고 본다. 미꾸라지 한 마리가 물을 흐리게 만든다고 보기 때문이다. 교과 등급에 부여하는 점수를 보면 몇 등급부터 미꾸라지라고 규정하는지 알 수 있다. 미꾸라지는 수업에 충실하지 않아 내신이 좋지 않으면서 논술만 잘 봐서 들어온 학생을 말한다.

논술 일정에 따른 장단점

'논술 위주 전형을 어떻게 준비해야 할까'에 들어가기 전에 논술에 관한 세 가지 소소한 이야기를 하고자 한다.

먼저 논술 일정이다. 논술 일정은 크게 두 부류로 나눈다. 기준은 수능일이다. 대부분의 대학은 수능 이후에 논술을 본다. 하지만 일부 대학은 수능 이전에 실시한다. 수능을 앞두고 논술 전형을 실시하면 수험생에게 부담이 될 수 있지만, 대학들은 나름대로 셈법이 있다. 우수한 학생들을 미리 확보할 수 있겠다는 셈이다. 소위 '수시 납치'가 가능하다. 수능 이후에 논술을 보게 되면 학생 선택권이 강화된다. 수능을 잘 봤을 경우 대학에 논술을 보러 가지 않을 수 있기 때문이다. 논술로 지원한 대학보다 정시로 더 높은 대학을 갈 수 있는데 굳이 응시할 필요가 없는 것이다. 괜히 갔다가 '수시 납치'를 당할 수 있다.

수능 이전에 논술을 보는 대학으로는 연세대가 대표적이다. 연세대는 수능 이전 논술 실시 대학으로 터줏대감이긴 하지만 두 번의 변절은 있었다. 한 번은 2018, 2019학년도 대입이고, 다른 한 번은 2021학년도 대입이다. 연세대는 줄곧 수능 이전 논술을 고수하다가 이때 수능 이후로 변경했다. 호사가들은 말했다.

"연세대는 고려대와 경쟁 관계라 논술 전형에서 수능 이전은 연세대, 수능 이후는 고려대로 양분하고 있었다. 그러다 고려대가 2018학년도 대입부터 논술을 폐지하니 연세대는 수능 이후로 옮긴다. 그러다 생각해보니 고려대보다는 서울대로 갈 수 있는 학생들을 납치하는 게 중요하다는 걸 깨달았다. 그러려면 다시 수능 이전으로 옮겨야 했다. 그래서 2020학년도 대입부터 수능 이전에 논술을 실시하게 됐다."

그럼 연세대는 2021학년도 대입에서는 왜 다시 수능 이후로 옮겼을까? 그건 당시 코로나19 유행 때문이었다. 한 해 일시적 이동이었다. 이후 연세대는 줄곧 수능 이전에 논술을 실시하고 있다.

논술 전략을 짤 때 논술 일정도 고려해야 한다. 왜냐면 수능 이전에 있느냐, 이후에 있느냐에 따라 장단점이 있기 때문이다.

수능 이전 논술은 수능 이후보다 경쟁률이 낮다. 수능 이전에 본다는 부담감과 함께 수시 납치될 수 있다는 학생들의 근자감(근거 없는 자신감) 때문에 지원하는 학생들이 상대적으로 적다. 그리고 수능을 잘 봤거나 당해 수능의 성향이 수험생에게 유리하게 작용했을 경우 실제 수시 납치를 당할 수도 있다.

반면 수능 이후 논술은 경쟁률이 높다. 교과 및 학종과 비교하면 상당히 높다. 하지만 수능을 잘 봐서 정시로 상향 지원이 가능하다면 시험을 보러 가지 않으면 된다. 논술 시험에 응시하고, 안 하고는 학생의 선택에 달려 있다.

논술 일정에 따른 장단점		
구분	수능 이전	수능 이후
대학 *2023학년도 대입 기준	연세대, 성신여대, 서울시립대, 홍익대, 가톨릭대	대부분 논술 실시 대학
장단점	경쟁률이 낮다	경쟁률이 높다
	수시납치될 수 있다	학생 선택권이 있다

왜 일부 대학은 수능 최저 등급을 적용하지 않을까

다음은 수능 최저 등급 이야기다. 앞서 수능 최저 완화에 대해서는 설명했다. 여기에서는 왜 어떤 대학은 수능 최저가 있는데, 어떤 대학은 없느냐를 이야기하려고 한다. 2024학년도 대입을 기준으로 논술 전형에서 수능 최저 등급을 미적용하는 대학은 아래와 같다.

논술 전형에서 수능 최저 등급 미적용 대학
가톨릭대(자연), 광운대, 단국대, 서경대, 서울과학기술대, 서울시립대, 수원대, 아주대(자연), 연세대, 인하대(자연), 한국공학대(구 한국산업대), 한국기술교육대, 한신대, 한국외대(글로벌), 한양대

* 2024학년도 대입 기준

그럼 왜 위의 대학들은 수능 최저를 적용하지 않을까? 단순히 보면 수능 최저를 실시하는 대학은 상대적으로 상위 레벨의 대학이라는 걸 확인할 수 있다. 그럼 연세대는 왜 미적용하는가? 이에 대해서는 두 가지 해석이 가능하다. 하나는 의대 논술에서 공교육 강화법을 위반했기 때문이다. 즉 의대 논술문제가 고교교육과정을 넘어 법을 위반을 하게 되면서 징계를 받게 되었다. 당시 연세대는 설마 했다. 그리고 사전 포석을 위해 대입에 있어 '고압적인 자세'에서 정부의 대입정책에 '적극 옹호하는 입장'으로 바꿨다.

정부에서 대학들의 수능 최저 등급이 너무 높다고 하자 연세대는 바로 폐지시켰다. 코로나19로 인해 학생들이 학종 준비에 어려움을 겪는다고 하자 바로 3학년은 반영하지 않겠다고 했다. 그럼에도 결국 제재를 받게 됐다.

두 번째 해석은 과학고 학생들을 받고자 폐지했다는 거다. 과학고 학생들은 수능을 준비하면 잘할 수 있다. 뛰어난 학생들이 모였기 때문이다. 그런데 학교 커리큘럼이 수능 준비와는 맞지 않다. 그래서 의외로 과학고 학생들의 수능 성적은 낮은 편이다. 과학고 학생들을 논술 전형에서 모집하려면 수능 최저가 없어야 했다.

일련의 대입 변경 결과를 가지고 해석하는 건 그럴듯하지만, 대학의 의도를 오도할 수 있다. 하지만 수험생들이 정말 가고 싶어하는 학교이니 수능 최저가 없는 것은 수험생들에게 반가운 일이다.

한양대는 대입에서 '착한대학'을 표방하고 있기 때문에 수험생 부담 경감 차원에서 수능 최저가 없다. 그러다 보니 경쟁률이 타 대학의 논술 전형 경쟁률보다 높다. 연세대도 마찬가지다. 대학생들도 많이 지원한다. 수능을 안 봐도 되니 부담이 없다. 잘 되면 간판을 바꾸는 거다. 대학에서 공부하니 시야가 넓어졌다. 수학도 쉽게 보인다.

서울시립대의 논술 전형은 학교장의 추천을 받은 소수 인원만 지원할 수 있다. 그 때문에 서울시립대는 수능 최저 등급을 따로 설정할 필요가 없다. 표면적으로는 수능 최저 등급 미적용으로 수험생 부담 경감에 동참했다고 볼 수 있지만, 내심 학생들의 지원을 제한한 것에는 아쉬움이 남는다.

대학들은 수능 최저 등급을 적용할 때 어느 정도 적용할까를 두고 고심한다. 비슷한 레벨의 대학은 어떻게 적용했는지까지 살펴본다. 그리고는 이전 수시 지원자 수능 성적을 가지고 모의 테스트를 한다. 이내 상위권이 아닌 대학들은 결론을 낸다. '지원풀에 최저 등급을 적용하는 것이 의미가 없겠구나.'

논술 전형에서 추가합격이 적은 이유

마지막은 추가합격 이야기다. 공식적으로는 '충원합격'이란 말을 쓴다. 논술 전형은 추가합격이 적다. 예비번호를 받더라도 그냥 예비번호로 끝나는 경우가 허다하다. 왜 그럴까? 다음 페이지에 대입 전형별 표를 만들어봤다. 중요한 건 아니지만 논술 전형이 왜 추가합격이 적은지 설명하는 데는 용이할 듯하다.

여기서는 논술 전형 중심으로 설명하겠다. 논술 전형의 전형 도구는 논술 점수다. 대학별 논술에서 받은 점수가 합격과 불합격을 가른다. 논술 점수는 교과와 학종처럼 고교생활 중 결과가 누적되는 것이 아니라 단발적이고 휘발성이 강하다. A대학에서 논술을 봤으면 그 점수는 A대학에서 끝난다. 다음 B대학 논술 점수는 아직 모른다. 가서 논술을 봐야 결정 난다. 대학마다 문제 유형이 다 다르기 때문에 어떻게 될진 모른다. 그래서 논술 전형은 교과, 학종, 정시와 달리 대학에

충원률 순위로 본 전형별 특징				
구분	교과 전형	학종 전형	논술 전형	정시 전형
전형도구	내신	내신+활동	논술점수	수능점수
도구특징	누적	누적	단발성	단발성
성적변화가능 *대입 전형일 기준	불가	불가	가능	불가
대학별 도구 차이	대동소이	대동소이	문제 다름	대동소이
대학지원	점수 ← 대학	점수 ← 대학	대학 ← 점수	점수 ← 대학
경쟁률	3위	2위	압도적 1위	4위
충원률 순위	1위	2, 3위	4위	2, 3위

점수를 맞춰야 한다. 대학은 '희망하는 대학'이고, '희망하는 대학'은 학생이 교과, 학종, 정시로 갈 수 없는 대학이다. 그래서 대부분이 많이 상향하는 지원이다. 반면 교과, 학종, 정시는 점수에 학교를 맞추는 경향이 강하다. 이는 어느 정도 합격을 예상할 수 있게 하며 합격을 하면 중복합격이 많아진다.

마지막으로 논술 전형은 타 전형에 비해 경쟁률이 압도적으로 1위다. 경쟁률 1위, 대학마다 상이한 문제 유형, 상향 지원한 대학에는 부족한 점수, 계속 시험을 치러야 하는 부담감 등이 중복합격을 어렵게 하고, 이는 곧 추가합격의 어려움을 낳는다.

논술 위주 전형 준비하기

논술 전형은 정시 수능 위주 전형의 옵션이어야 한다. 논술 전형으로 대학을 뚫기는 정말 어렵다. 선발 인원도 조금씩 줄어들고 있을 뿐만 아니라 경쟁률이 너무나 높다. 그래서 정시를 준비하면서 곁가지로 논술을 준비해야 한다. 특히 자연계의 경우는 주로 수리 논술을 보기 때문에 수학이 무엇보다 중요하다. 수능에서 수학을 잘 본 학생들이 논술 합격률이 높은 이유이기도 하다.

논술 전형을 준비하는 수험생이라면 '정시 수능 위주 전형 준비하기'를 꼭 참고하기 바란다. 여기에서는 논술 위주로 설명하고자 한다.

열심히 하되 마음은 내려놔야

주변이나 각종 매체를 보면 논술 전형에서 다관왕(여러 군데 중복합격) 했다는 사람들이 나온다. 그런데 현실은 쉽지 않다. 모집 인원 감소와 높은 경쟁률, 대학마다 상이한 문제 유형 등으로 논술 응시자의 대부분은 6개 대학 모두 불합격한다.

단순히 생각해보자. 주요 대학 논술 전형 모집 인원은 4천 명 정도다. 그리고 24만 8천 명 정도가 지원한다. 이는 논술에 지원한 건수로, 수시가 6회이니 이를 6으로 나누면 약 4만 7천 명이 된다. 4만 7천 명 중 4천 명은 합격을 하고, 4만 3천 명은 불합격을 한다. 100명 중 9명은 합격하고, 91명은 불합격을 한다고 보면 되겠다. 불합격이 응시생의 대부분이다. 그래서 논술을 준비하는 수험생의 경우 논술에 올인하는 전략은 바람직하지 않다. 그보다는 수능을 준비하면서 수시의 옵션으로 논술을 준비해야 한다.

간절하게 열심히 준비하되 마음은 내려놔야 하는 이유다. 표현에 모순이 있지만 수험생의 간절함과 현실의 냉혹함을 알기에 달리 표현할 방법을 찾지 못했다.

인문계 논술을 희망하는 학생들은 1학년 때부터 조금씩 준비하는 게 좋다. 제시문을 이해하는 능력, 글을 구성하는 능력, 그것을 풀어쓰는 능력 등은 하루아침에 뚝딱 만들어지는 것이 아니기 때문이다.

그리고 자연계 논술을 준비하는 학생들은 3학년 1학기까지 수학에 열중하고 심화문제를 많이 풀어보기를 권한다. 자연계 논술에서는 '수학' 과목이 가장 중요하기 때문이다. 또 자연계는 논술이라고 해서 논리적으로 글로 풀어쓰는 것이 아니라 수학문제를 과정 중심으로 풀어쓰는 것이 일반적이기 때문이다.

올바른 방향으로 지속적인 훈련

대입 전형에서 논술은 글을 잘 쓰는 게 목적이 아니다. 합격을 하는 게 목적이다. 그럼 어떻게 해야 합격할까? 출제자가 요구하는 답을 써주면 된다. 학생이 쓰고 싶은 답이 아니다.

논술 전형은 응시자가 많다. 교수 한두 명이 채점할 수 없다. 많은 수의 채점자가 필요하다. 그러다 보니 그들의 채점에서 일관성이 중요해진다. 이를 위해 채점기준표를 만든다. 채점기준표는 출제자의 의도에 얼마나 부합하는지가 기준이 된다. 이 모든 것은 대학에서 주는 논술 패키지에 다 담겨 있다. 그리고 대학마다의 논술 유형은 해마다 바뀌지 않는다.

따라서 논술을 준비하는 학생들은 이를 바탕으로 지속적인 훈련을 해야 한다. 무조건 열심히 한다고 잘 되는 건 아니다. 올바른 방향으로 열심히 해야 한다. 학생이 논술을 준비하는 과정에서 지속적으로 피드백을 받아야 하는 이유다. 학생이 메타인지 능력이 뛰어나 자신을 객관적으로 볼 수 있다면 다행이지만 그렇지 못한 학생들이 대부분이다. 그래서 올바른 방향을 알고 있는 타인의 도움도 필요하다. 논술을 준비하는 학생들 대부분이 사교육을 받는 이유다.

지속적인 훈련이 필요한 또 하나의 이유는 시간이다. 논술은 주어진 시간 안에 작성해야 한다. 정말 촉박하다. 만약 훈련이 안 되어 있다면 분석하는 데, 문제를 해결하는 데, 답안을 구성하는 데 많은 시간을 들여야 한다. 또 그에 따라 뇌가 바삐 움직여야 한다. 반대로 훈련이 되어 있다면 문제를 받고 분석, 해결, 구성의 과정이 생각 없이 이루어질 것이다.

이건 마치 골프공을 치는 것과 같다. 초보자들은 골프공을 치는 데 많은 뇌를 활용한다. 또 많이 활용하더라도 결과는 썩 좋지 못하다. 하지만 훈련이 많이 쌓인 사람은 그냥 생각 없이 친다. 뇌도 특정 부위만 사용한다. 훈련의 결과다.

논술 시험에 있어 시간의 촉박함도 훈련의 필요성을 보여준다.

논술 전형일을 꼭 확인해야

희망하는 대학교라고 해서 무턱대고 논술을 준비하지 않아야 한다. 열심히 준비했는데 막상 전형일이 되니 다른 지원 대학과 논술 일정이 겹친다. 아니면 A대학 논술을 오전에 보고 B대학 논술을 오후에 보면 되는데 이동거리를 감안하면 물리적으로 힘들 수 있다.

논술 전형을 실시하는 대학은 대부분 시험일이 수능 이후로 몰려 있다. 그것도 수능을 본 다음 날부터 2주 사이에 집중되어 있다. 또 대부분 토요일과 일요일에 몰려 있다. 연세대(미래)처럼 금요일에 실시하는 사례도 있다. 원주에 있는 연세대(미래) 같은 경우 주말에 영동고속도로가 교통체증에 시달리기 때문에 어쩔 수 없는 선택을 한 것이다.

대학도 논술 시험일을 정할 때 학생들을 고려하고 싶지만 다음과 같은 제약이 있다. 먼저 빨리 시험을 보고 채점할 수 있는 시간을 넉넉히 확보할 수 있어야 한다. 그래서 수능 이후 바로 실시해서 12월 중순까지 수시를 마무리 지으려고 한다. 그리고 논술은 응시 인원이 많으므로 시험장을 대거 확보해야 한다. 만약 주중에 시험을 보게 되면 대학은 임시 휴교를 내려 대학 내 강의실이 비어 있게 해야 한다. 또 초과 인원에 대해서는 주변 중·고등학교의 도움을 받아야 하는데, 주중에는 협조가 어렵다.

따라서 논술은 시험일이 겹치는 경우가 많다. 매해 5월 초 대학 수시요강에 시험일이 나오니 잘 확인해서 겹치는 일이 없도록 해야 한다. 대학 내 계열별로 시험일정이 다르니 꼼꼼하게 확인할 필요가 있다. 노력이 수포로 돌아가는 것만큼 허무한 건 없다.

무엇보다 수능 준비가 우선

논술 준비는 되도록 늦게 하는 게 좋다. 특히 자연계가 그렇다. 앞서 자연계 논술은 수능 성적이 좋은 학생이 잘 본다고 했다. 수능 수학을 준비하면서 심화학습을 하면 이것이 곧 논술 준비가 될 수 있다. 또 논술 준비에 많은 비중을 두었다가 수능까지 망쳐버리면 답이 없다. 재수를 해야 한다. 재수는 하기 싫다고 해서 안 하는 게 아니다. 어쩔 수 없이 하는 것이다.

논술 준비는 고3이 되었을 때 주말이나 일주일 중 하루를 정해 하는 것을 권한다. 대학마다 어떤 유형의 문제가 나오며, 채점이 어떻게 이루어지는지를 확인하면서 학습을 해야 한다. 또 비슷한 유형의 문제를 풀어보고 이에 대해 피드백을 받는 것도 좋다.

인문 논술을 준비하는 학생들은 끝까지 최선을 다하는 자세가 중요하다. 왜냐면 인문 논술도, 수능도 인문계 학생들에게는 호락호락하지 않기 때문이다. 인문 논술은 변별력이 약해 대학에서 뽑는 인원을 많이 줄였다. 또 통합수능이 되면서 정시에서도 인문계 학생들이 자연계 학생들에게 밀리는 형국이다. 여러모로 사면초가에 빠진 듯하다. 이럴수록 끝까지 버티면서 최선을 다하는 게 중요하다. 그리고 인문 논술을 준비하는 학생 중 수학을 잘한다면 상경 계열 논술도 권한다. 상경 계열 논술은 수리 논술에서 판가름이 나기 때문이다.

정시 수능 위주 전형인 고등학교라면

고등학교가 대입 전형 중 어떤 전형으로 학생들을 대학에 많이 보내는가도 살펴봐야 합니다. 담임교사의 상담부터 다르기 때문입니다. 예를 들어 다니게 될 학교가 교과와 학종 위주로 대학에 보낸다면, 담임교사와 논술 전형에 대해 상담하기가 어렵습니다. 아마 담임교사는 대학에서 주는 논술 패키지를 분석조차 하지 않았을 겁니다. 학생과 학부모의 간절함에 대해 적절한 솔루션을 제시하기 어려울 테죠. 만약 정시 위주의 학교라면 정시와 논술에 대해 많은 정보 를 가지고 있을 겁니다. 누적된 데이터도 갖고 있어 해당 학생의 상황과 비교해가며 대입 전략을 세울 수 있습니다.

사교육을 받을 수 있는 지역인가도 고려해야 합니다. 사교육 없이도 논술에 합격하는 학생들이 있습니다. 그 학생이 '나'였으면, 그 학생이 '내 아이'였으면, 그 학생이 '내 제자'였으면 얼마나 좋겠냐마는 현실은 바람대로 되지 않는 법입니다.

논술 전형을 준비하는 데는 사교육의 도움도 필요합니다. 대학은 학생 스스로 준비할 수 있도록 논술 패키지를 제공합니다. 그런데 생각해봅시다. 수능 준비에도 매진해야 하는데 학생이 선행학습영향평가를 분석하고, 기출문제와 모의논술에 이것이 어떻게 적용되었는지를 확인하며, 대학의 동영상 강의를 찾아 들을 수 있을까요? 의도야 좋지만 현실에서는 일어나기 힘든 일입니다. 그래서 교육부에서 발표한 '대입제도 공정성 강화방안'에 "사교육을 유발하는 논술 전형"이라는 말도 나오죠.

한때 이런 말도 있었습니다. "논술 전형은 대전 이남에서는 준비하기가 어렵다." 왜냐하면 대전 이남 지역에 있는 학생들은 주말에 서울에 있는 논술 학원에 다닐 수 없기 때문입니다. 또 유명 논술 강사가 짬을 내서 내려갈 수 있는 지방의 마지노선이 대전까지라고 합니다.

대학에서 제공하는 논술 패키지를 분석해주고, 비슷한 유형의 문제를 만들어 학생들에게 제공하고, 학생 답안에 대해 지속적으로 피드백을 해줄 수 있는 기관은 어디에 있을까요?

중국인과
작아진 피자

대학재정의 주된 어려움은 학령인구 감소로 인한 것이다. 누구나 다 인지하고 있다. 그런데 여기에 단기적 충격을 준 것은 '중국인'이다.

대학의 주수입은 등록금이다. 학생 감소는 곧 수입 감소다. 대학은 타계책을 고민해야 했다. 국내에서 학생을 늘릴 수 없으니 눈을 외부로 돌린 것이다. 중국, 동남아 등 외국인 유학생을 적극 모집했다. 그중 중국인이 압도적이었다. 최상위 대학부터 지방대까지 중국인 유학생이 없는 곳이 없었다. 어려운 시기에 대학의 큰 버팀목이었다. 중국인 유학은 국내 고등학교 조기 유학으로 점점 확대되고 있었다.

그러다 코로나19가 터졌다. 중국인 유학생이 자기 나라로 귀국했다. 돌아간 후 감감무소식이다. 코로나19가 장기화되고 세계경제가 침체됨에 따라 중국도 어려워졌다. 함흥차사다. 그들은 돌아오지 않는다. 대학은 재정적 어려움이 커졌다. 지방대의 한 교수가 마치 앵벌이

하는 거 같다는 하소연을 한다. 중국인이 돌아오지 않는 자리를 국내 학생들로 한 명이라도 더 채워야 하기 때문이다. 빈 시간에 발품을 팔아 고등학교를 돌아다닌다. 굽신굽신 인사를 한다. 그들 중에는 외국 유명 대학의 박사학위 소지자들도 꽤 있다.

대학의 입장에서는 돈을 쥐어주는 정부가 유일한 생명줄이다. 그런데 정부는 돈을 주는 대신 정해놓은 평가 기준에 맞추라고 한다. 안 하면 구조조정이란다. 구조조정은 잠재되어 있던 화를 일으킨다. 화는 정부로 향한다. 신문 칼럼에서는 지방대 죽이기, 대학의 위기 등을 거론하며 정부의 태도에 날선 비판을 한다.

정권의 수장이 바뀌었다. 이번 수장은 대학에 자율권을 줄 테니 알아서 살아남으라 한다. 그리고 이제부터 더 필요한 돈은 정부한테 이야기하지 말고 지자체로 보낼 테니 알아서 하라고 한다. 이제 화는 구성원 서로에게 향한다.

현 대학 구조조정은 피자 먹기와 유사하다. 피자가 점점 커져갈 때는 혼자서 감당이 안 된다. 그래서 인심을 써서 형, 누나, 동생들도 부른다. (산업인력 양성을 위해 1996년 대학설립준칙주의 시행으로 이후 사립대학들이 우후죽순 늘어난다.) 그런데 집안 사정이 안 좋아졌다. 피자가 점점 작아진다. '이걸 같이 나눠 먹으라고?' 피자를 사준 사람에게 화풀이를 한다. 도대체 뭐하는 거냐고 한다. 사준 사람도 나름 중재하려고 고생한다. 나이에 따라 차등을 두자, 아니면 성적에 따라 먹자고 한다. 매번 덜 먹은 사람이 불만이다. 사주고도 욕먹는다.

이번에는 피자 사주는 사람의 태도가 바뀌었다. 집안 사정이 너무 안 좋으니 작아진 피자를 주는데 너희들이 알아서 나눠 먹으라고 한다. 기존의 지침은 싹 잊으라는 말도 덧붙인다. 그리고 다른 일이 있다며 쓱 빠진다. 이젠 화가 서로에게 향한다. 형제의 난이 시작된다. 서로에게 명분은 있다. 그런데 생존을 위한 투쟁 앞에 명분은 힘이 없다.

어떻게든 정리가 되겠지만 피 터지는 싸움은 피할 수 없다.

정시 수능 위주 전형

30년 전에는 일요일 아침에 가족들이 한자리에 앉아 TV 프로그램을 같이 시청하는 모습이 흔했다. 유튜브라는 건 상상도 할 수 없었고, 지상파 TV는 KBS1, KBS2, MBC의 세 개 채널 정도만 있었다. 그땐 모두들 일요일 아침에 〈장학퀴즈〉를 시청하곤 했다. 고등학교 학생들이 나와 누가 퀴즈를 가장 잘 맞추는지에 대해 점수로 우열을 가렸다. 〈장학퀴즈〉는 그 당시 인재상을 보여주는 프로그램이었다. 대학생을 대상으로 한 〈퀴즈 아카데미〉도 있었다.

그때 학업 능력은 다른 건 다 제쳐두고 머리에 얼마나 많은 지식을 가지고 있는지가 중요했다. '걸어 다니는 백과사전'이란 말을 들으면 최고의 칭찬이었다. 그리고 대학에 입학하기 위해서는 '학력고사'를

현재 수학능력시험 체계						
영역	국어	수학	영어	한국사	탐구 (사탐/과학/직업)	제2외국어/ 한문
문항	공통 34문항 선택 11문항	공통 22문항 선택 8문항	45문항	20문항	과목당 20문항	30문항
시험 시간	80분	100분	70분	30분	과목당 30분	40분
평가 방식	상대평가	상대평가	절대평가	절대평가	상대평가	절대평가
응시 방식	선택	선택	선택	필수	선택	선택

봐야 했다. 오로지 지식측정이었다. '吹此笛則兵退病愈, 旱雨雨( ), 風定波平.'에서 괄호 안에 어떤 한자가 들어가는지 알아야 서울대 의대에 들어갈 수 있었다.

〈장학퀴즈〉를 후원하는 회사였던 '선경'은 이제 세계적인 그룹인 'SK'가 되었다. 그만큼 사회도 변했고 인재상도 변했다. 과거 선경에서 필요했던 인재와 현재 SK에서 필요로 하는 인재가 다르듯이 말이다. 과거에는 많은 지식을 갖고 있는 것이 중요했다면 지금은 논리적이고 추론적 사고를 잘하는 창의적 인재가 필요하다. 그래서 그런 인재를

대학 입학을 위한 국가시험 변화			
구분	학력고사	수학능력시험	
		명칭 '언어, 수리, 외국어, 탐구'	명칭 '국어, 수학, 영어, 탐구'
특징	지식	논리, 추론	논리, 추론 + 교과개념(지식)
시기	과거 ◄─────────────────────────►		현재

평가하고자 탄생한 것이 수학능력시험이다.

수학능력시험은 애초 언어와 수리의 두 영역만 보려고 했다. 언어와 수리를 기반으로 한 논리력, 추론력을 측정하려고 했기 때문이다. 하지만 두 영역만으로 시험을 치르게 되면 교실의 붕괴가 일어날 것이라는 우려의 목소리가 컸다. 그래서 영어와 탐구(사회/과학)를 신설했다. 현재의 수능 체제가 갖춰진 것이다.

수능이 생기고 나서는 수능 성적만으로 대학에 들어가기도 했었다. 그러다 특차가 생겨났고 이내 대입은 수시와 정시 체제를 갖추게 됐다. 시간이 지날수록 수시에서 선발하는 인원이 점점 늘어나고, 정시 선발 인원은 점점 줄어들고 있다. 수도권 대학, 특히 인서울 16개 대학을 제외하고 말이다.

그럼 수도권 대학들은 왜 정시를 늘릴까? 정확히는 왜 교육부는 수도권 대학들에게 정시를 늘리게 했을까?

누구를 위하여 정시를 늘리는가

교육 관련 컨퍼런스를 가보면 오지선다형의 수능은 미래의 인재를 평가하는 데 적합하지 않다고 한다. 하지만 대입 자료 중 수능이 가장 객관적이라는 건 부인할 수 없다. 따라서 공정성을 위해서 정시를 늘려야 한다고 목소리를 내고 있고 실제 수도권 대학은 모집 인원이 늘었다. 그럼 정시를 늘렸을 때 누가 가장 큰 혜택을 볼까?

정시가 30%, 인서울 16개 대학은 40%로 늘어나는 과정에서 나온 말들을 살펴보면 답을 찾을 수 있을 듯하다.

2018년 8월 교육부는 '2022학년도 대학입학제도 개편방안 및 고교교육 혁신방향'을 발표한다. 그리고 이런 말을 한다. "학생들의 재도전 기회를 확대하고 대학 준비에 대한 예측 가능성을 확보하기 위해 수능 위주 전형 비율이 30% 이상으로 확대될 수 있도록 각 대학에 권고합니다." 여기에서 한 문구가 확 들어온다. '학생들의 재도전 기회를 확대하고' 이 말을 보면 정시는 재도전의 기회인 것이다.

교육부의 발표에 대해 오세정 서울대 전 총장이 2019년 취임 인터뷰에서 입장을 밝힌다. "정시 선발 인원 30%까지는 패자부활전 등의 의미로 수용할 수는 있다." 여기에서도 문구 하나가 확 들어온다. 바로 '패자부활전'이다.

언론도 가만히 있을 수 없다. 대입 정시 관련 기사를 싣는다. 2020년 6월 ○○일보에 난 기사에 "[서울 소재 12개 대학의 최근 5년

정시 수능 위주 전형의 확대에 대한 발언

재도전 기회…
교육부

패자부활전…
대학

재수생 합격자 비율 ↑
언론

삼수까지 각오…
학원

간 재학생·졸업생 등록 현황]에 따르면, 수능 위주인 정시 전형 합격자 가운데 재수생 비율이 2016학년도 51.8%에서 2020학년도에는 65.6%로 높아진 것으로 나타났다."라고 한다. 재수생 비율이 65.6%란다. 최근에는 거의 70%다.

교육부, 대학, 언론에서 대입 관련 발언을 했으니 교육현장을 대변하는 발언도 있어야 한다. 이럴 땐 꼭 사설학원 진학담당자가 등장한다. 2022년 2월 어느 신문기사에서 ○○학원 진학소장은 "N수생의 경우 서울대 입학은 상당 부분 삼수까지 각오하고 준비해야 되는 상황으로 전개되는 양상."이라고 말한다. 서울대 수시는 학종 위주 전형으로 재학생 때 한 번 떨어졌으면 재수해서 들어가기가 어렵다. 재수생은 정시를 노려야 한다.

결국 수능 위주 정시 전형은 재수생들을 위한 전형이라는 걸 부인할 수 없다. 내신이나 비교과 활동은 고등학교 재학 중에 완성된다. '닻'이라고 내렸다가 입시하는 내내 '덫'이 되어버린다. 다시 도전하고 싶어도 과거를 바꿀 수 없다. 학력이 중시되는 사회에서 대학은 계층이동 사다리와 같다. 그럼 다시 대입을 준비하려면 무엇을 해야 할까? 수험생이 바꿀 수 있는 건 앞으로 볼 '수능 점수'다.

정시 수능 위주 전형에서 재수생이 늘어난다는 건 치열한 경쟁을 예고한다. 왜냐면 재수생은 힘이 세기 때문이다.

재수생은 힘이 세다

수능은 재수생이 점수를 잘 받는다. 당연한 이야기이지 않는가? 6개월, 1년, 2년을 더 공부했으니 점수를 잘 받는 게 당연하다. 그런데 재수생의 이야기를 들어보면 다르다. 다수의 재수생은 1년 전보다 조금 올랐다고 말한다. 오르기는 오르는데 만족할 만큼 받기는 어렵다고 한다. 1년 동안 고생했는데 오히려 내려갔다는 학생도 있다.

그럼 상위 등급에서 재수생 비율이 상대적으로 높은 이유는 무엇일까? 그건 '잘하는 학생들이 재수를 해서'다. 학력평가나 모의수능에서 점수가 잘 나왔는데 수능을 망친 학생, 중위권 대학에서 상위권 대학으로 가고 싶은 학생, 서울대나 의대를 가고 싶어하는 연·고대생, 메이저 의대를 가고 싶어하는 의대생들이 재도전을 하기 때문이다.

이제 열심히 했는데도 성적이 조금 오른다는 말이 이해된다. 상위권 학생들은 성적이 이미 높기 때문에 많이 올릴 수도 없다. 수능 전 영역 만점을 받으면 많이 올렸다고 인정할지 모르겠다. 수능 백분위 95%인 학생과 50%인 학생이 1년을 열정적으로 투자했을 때 누가 더 많이 오르겠는가.

2021년 교육부는 정시 수능 위주 전형에서 재수생 합격자 비율을 조사했다. 대상은 2023학년도 대입부터 정시를 40%로 늘려야 하는 대학이었다. 고려대, 중앙대, 한국외대, 한양대 등은 자료를 제출하지 않았다. 결과는 다음 페이지 표와 같았다.

최근 전체 수험생 중 N수생 비율은 대략 30% 전후다. 30%의 N수생이 주요 대학 합격생의 66%를 장악하고 있다. 이건 최상위권으로 올라갈수록 심화된다. 교육부가 국회에 제출한 자료를 보면 2020~2022학년도 18개 의대 정시 최초 합격자 중 78.6%가 N수생이었다. 재수생이 42.5%, 삼수생 23.2%, 사수생이 13.0%였다.

개인적으로 2021학년도 대입을 앞두고 여러 자료를 수합했었다. 그리고 '이번 정시는 재학생을 위한 대입이 될 것'이라고 예상했다. 왜냐면 전년도 수능에서 큰 이변 없이 상위권 학생들이, 준비한 대로 좋

서울 대학 12곳 2020학년도 정시 수능 합격자 중 재수생 비율					
대학	재수생 비율	대학	재수생 비율	대학	재수생 비율
건국대	73.6%	경희대	69.1%	광운대	63.5%
숭실대	72.1%	연세대	68.7%	숙명여대	58.1%
성균관대	70.5%	서강대	67.0%	서울대	56.6%
서울시립대	69.4%	동국대	64.1%	서울여대	54.1%

* 교육부 자료 참고

은 성적을 받았기 때문이다. 수능이 안정적으로 출제됐다고 판단했다. 하지만 변수가 하나 발생했다. 코로나19였다.

코로나19 유행이 반수생 유행을 낳다

특별한 사유가 있지 않고서야 수도권 학생들은 지방으로 가지 않으려고 한다. 하지만 성적이 받쳐주지를 않으니 울며 겨자 먹기로 내려간다. 낯선 곳이다. TV에서 연예인들이 하던 사투리를 일반인들도 자연스럽게 한다.

입학 전 OT가 있다. 동기와 선배들을 만난다. 이곳도 나름 살만하다. 썸을 타는 이성도 생긴다. 고등학교 때와는 정말 다르다. 간섭이 없고 압박도 없으며 자유가 있고 썸타는 이성도 있다. 지방도 살만하다.

196

난 이제 지방대생이다.

지방대는 지역의 학생들로만 채울 수 없다. 인근 광역시든 수도권이든 외부 수혈이 필요하다. 하지만 수혈을 해봤자 이탈이 더 많아진다. 특히 2020년 코로나19의 시작과 함께 이런 현상은 가중됐다. 전면 비대면 수업이 시행되며 수도권에 거주하는 지방대생이 되었다. 학교에 정을 붙일 수 없다. 수도권 학생이 지방대에 정을 붙이는 프로세스가 망가졌다. 비대면이라 수업에 활기도 없다.

신입생들은 잉여인간이 된 불안감에 뭐라도 하려고 한다. 자신에게 익숙하고 또 잘할 수 있는 것을 찾아야 했다. 그래, 고등학교 공부다. 잘만 하면 학교를 점프할 수 있다. 부모님을 설득시킬 명분으로 충분하다. 이런 이유로 코로나19 이후 반수생이 급증했다. 학력을 중시하는 풍조에 코로나19의 특수성이 더해진 거다. 주변에서 뛰어드니 생각이 없던 학생들도 흔들린다. 이내 반수는 특정 세대의 아이콘이 된다.

코로나19가 잠잠해지면 이런 현상도 잠잠해질 줄 알았다. 하지만 자연계 학생들에게 유리한 수능, 정시 인원 확대, 의학 및 약학 전문대학원의 학부 전환 등은 이제 반수는 대학생을 너머 대학졸업생, 군인 그리고 직장인에게까지 확산되고 있다.

항간에는 이런 이야기가 있다. 서울대를 가장 많이 보내는 학교는 어디인지 아는가? 바로 연세대다.

서울대도 자퇴생이 없는 건 아니다. 막상 서울대에 들어갔는데 학

* 자료: 한국교육과정평가원, 종로학원

* 자료: 서울대, 문정복 더불어민주당 의원실

과가 맞지 않아 수능을 봐서 다시 서울대로 돌아가곤 했다. 그런데 이
걸로 설명하기에는 자퇴생이 너무 많다. 또 이공계열이 주를 이룬다.
이는 의치한약수 말곤 설명하기 어렵다. 또 이공계열에서 자퇴생이 더
많이 늘어난 건 통합수학의 영향도 무시할 수 없다.

	수능 수학영역 변화 과정					
대입	1994 학년도	1995 학년도	2005 학년도	2014 학년도	2017 학년도	2022 학년도
변화	수리영역	수리영역 인문/자연	수리영역 가/나	수학영역 A/B	수학영역 가/나	수학영역

수능 선택과목의 유불리와 2015교육과정

다양성은 깡패다. 주장을 정당화시키고 싶으면 다양성을 근거로 든다. 대학 관계자들도 다양성을 좋아한다. 다양한 학생으로 구성된 학교를 만들고 싶어한다. 다양함이 모여 시너지효과를 내나 보다.

2015교육과정도 다양함을 추구한다. 따라서 기존의 문·이과의 벽을 허물고 학생 선택권을 늘렸다. '공통과목+선택과목'으로 구성했다. 어떤 이는 고교학점제로 가는 과도기로 보기도 했다.

선택권을 강화해 학생들이 흥미와 관심에 따라 과목을 수강하게 했다. 취지는 좋으나 문제가 있다. 학생을 평가해서 줄을 세워야 하는데 서로 수강한 과목이 다르다. 즉 수능으로 표준화시키기가 어렵다.

탐구과목은 이미 개별화되어 있었다. 영어는 절대평가다. 또 영어는 EBS 연계가 확실하다. 탐구, 영어 이 두 영역은 문제가 없다. 나머지 두 영역이 문제다. 국어와 수학이다. 국어는 공통과목 독서, 문학에 선택과목으로 화법과 작문, 언어와 매체가 있다. 수학은 공통과목 수학 I, 수학 II에 선택과목으로 확률과 통계, 미적분, 기하가 있다. 선택과목을 무엇으로 하든 '국어'와 '수학'으로 등급, 백분위, 표준점수가 함께 산정된다.

그럼 선택과목을 어떤 것으로 했는지와 상관없이 모두 100점 만점이니 원점수를 그대로 반영해서 등급, 백분위, 표준점수를 산정하면 안 될까? 안 된다. 문제가 생긴다.

영역	2021학년도	2022학년도 이후
국어	독서, 문학, 화법과 작문, 언어	• 공통: 독서, 문학 • 선택: 화법과 작문, 언어와 매체 중 택1
수학	• 가형(이과): 수학Ⅰ, 확률과 통계, 미적분 • 나형(문과): 수학Ⅰ, 수학Ⅱ, 확률과 통계	• 공통: 수학Ⅰ, 수학Ⅱ • 선택: 확률과 통계, 미적분, 기하 중 택1

2021~2022학년도 수능 국어, 수학 영역 출제과목 비교

* 자료: 한국교육과정평가원 '공통+선택과목 도입에 따른 수능 점수 산출 방안' 참고

이런 가정을 해보자. 학생 A와 학생 B가 있다. 수학 실력이 비슷하다. 이번 수능에서 A는 확률과 통계를, B는 미적분을 선택했다. 그런데 평가원이 난이도 조절을 실패해서 미적분이 상대적으로 어렵게 나왔다. 또 잘하는 학생들이 미적분에 많이 몰렸다. 그럼 이번 수능에서 A, B가 받은 수학 점수와 등수를 공정하다고 할 수 있을까?

평가원에서는 고민을 했다. 통계적 기법으로 문제점, 즉 난이도 차이, 집단의 특성에 따른 불공정함을 최소화하고자 했다. 그래서 고안한 것이 다음의 조정공식이다.

평가원의 노력에도 불구하고 2022학년도 수능에서 선택과목별 유불리가 나타났다. 같은 만점임에도 선택과목에 따라 표준점수가 달랐다. 국어영역에서 화법과 작문 선택자는 147점, 언어와 매체는

어떤 과목을 선택했느냐에 따라
집단의 원점수 평균이 더해진다.

$$X'_{2ij} = \overline{X_{1j}} + \frac{X_{2ij} - \overline{X_{2j}}}{S_{X2j}} \times S_{X1j}$$

- X'_{2ij} : j선택과목 집단 i번째 학생의 선택과목 조정 원점수
- $\overline{X_{1j}}$: j선택과목 집단의 공통과목 원점수 평균
- X_{2ij} : j선택과목 집단 i번째 학생의 선택과목 원점수
- $\overline{X_{2j}}$: j선택과목 집단의 선택과목 원점수 평균
- S_{X2j} : j선택과목 집단의 선택과목 원점수 표준편차
- S_{X1j} : j선택과목 집단의 공통과목 원점수 표준편차

* 자료: 한국교육과정평가원 '공통+선택과목 도입에 따른 수능 점수 산출 방안' 참고

149점이다. 수학영역은 확률과 통계 144점, 미적분/기하 147점이다.

이렇게 된 이유는 '같은 과목을 선택한 학생들의 공통과목 평균'이 의미 있게 작용을 했기 때문이다. 평가원에서는 난이도 조절은 어떻게든 하겠지만 학생들의 선택과목은 강제할 수 없다. 따라서 학생들의 능력에 따른 쏠림 현상이 벌어졌다. 국어영역은 '언어와 매체'에, 수학영역은 '미적분'에 잘하는 학생이 쏠렸다.

애초 국어영역은 쏠림이 없을 줄 알았다. 그런데 성적이 낮은 학생들이 문법이 있는 언어와 매체보다는 공부하기에 쉬워 보이는 화법과 작문을 대거 신청했다. 따라서 언어와 매체에는 상대적으로 우수한 학생들이 남게 됐다. 또 재수학원의 학생들을 중심으로 언어와 매체 선택자가 다수 발생했다.

다음은 수학영역을 보자. 설계는 학생들의 관심과 흥미에 따라 과목을 선택하라고 했다. 그런데 대학에서는 특정 과목을 선택하지 않으면 안 받아준다고 한다. 자연계가 그렇다. 높이 평가받는 대학일수록 수학에서 미적분과 기하를 요구했다. 따라서 자연계를 희망하는 우수 학생들은 미적분을 선택한다. 인문계 학생들은 '수학 나'였을 때부터 확률과 통계를 해왔고 인문에서 가장 많이 활용되는 것이기에 확률과 통계를 선택한다. 그리고 인문계 희망 학생들 중에는 수학이 싫어서 인문계를 선택한 경우가 많다. 미적분과 기하보다는 확률과 통계가 인문스럽다.

선택과목에 따른 유불리는 다양성과 표준화라는 이질적 과제에서 탄생한 구조적 문제다. 따라서 수능 체계가 바뀌지 않는 상황에서는 지속될 듯하다.

이렇듯 재학생들은, 특히 인문계 학생들은 불리한 상황 속에서 수능을 치른다. 그리고 12년의 노력과 하루의 일시성을 담은 한 장의 종이를 받게 된다.

12년간의 노력이 담긴 수능 성적표

고등학교 3학년이 되면 누구나 열심히 한다. 학생들의 열의가 느껴진다. 그러다 3월, 4월 학력평가를 보고 나면 한 명씩 도태된다. 부푼 희

대학수학능력시험 성적통지표(예)

수험번호	성명		생년월일	성별	출신고교(반 또는 졸업 연도)	
12345678	홍길동		04.09.05.	남	율도고등학교(9)	
영역	한국사	국어	수학	영어	탐구	제2외국어/한문
선택과목		화법과 작문	확률과 통계		생활과 윤리 / 지구과학 I	독일어 I
표준점수		131	137		53 / 64	
백분위		93	95		75 / 93	
등급	2	2	2	1	4 / 2	2

* 교육부 자료 참고

망으로 버틴 한 달이 초라한 성적으로 좌절된다. 학생이 말한다. "아무리 노력해도 안 돼요!" 당연하다. 수능 성적이 좋은 학생들은 11년 동안 열심히 해왔다. 그런데 한 달로 그걸 뒤엎으려고 하는 생각 자체가 오만하다. 뒤엎기 위해서는 더 많은 노력과 집중이 필요하다.

수능은 고등학교 3년간의 결과만 담은 것이 아니다. 초등학교에 입학하고 수능을 볼 때까지의 12년 이상의 과정이 담겨 있다. 그리고 안타깝게도 그 결과는 한 장의 종이에 담긴다. 인생을 좌우하는 한 장의 종이, 그 종이는 어떻게 생겼을까?

제일 먼저 수험번호가 눈에 띈다. 수험번호는 여덟 자리다. 이는 두 자리씩 네 묶음(12/34/56/78)으로 나눌 수 있다. 첫 번째 두 자리는 시험을 보는 지역을 나타낸다. 두 번째는 시험을 보는 학교를, 세 번째는 시험을 보는 교실을, 네 번째는 시험을 보는 교실의 자리를 각각 나타낸다.

영역에는 한국사, 국어, 수학, 영어, 탐구, 제2외국어/한문이 있다. 요즘 학생들은 영역 명칭이 익숙하지만 이전 세대에게는 약간 낯설다. 국어, 수학, 영어 영역의 예전 명칭은 언어, 수리, 외국어 영역이었다. 교육부는 범교과에서 교과서 중심의 출제를 지향하겠다는 의지를 담아 명칭을 바꿨다. 언어영역 시험을 경험해본 사람은 알 거다. 수업은 안 듣고 무협지와 추리소설만 읽던 학생이 언어영역에서 1등급을 받았던 사실을. 한때 수능은 열심히 하는 학생보다 아이큐가 높은 학생에게 유리한 시험이 아닌가 의문이 들었다. 그만큼 수업 현장과는 다소 거리가 있었다.

한국사가 국·수·영을 제치고 제일 앞에 있는 것도 낯설다. 중국과 일본은 자국의 이익을 중심으로 과거를 왜곡하고 있다. 그런데 2010년대 초 한국 청소년들은 우리의 역사도 잘 모른다는 인식이 팽배했다. "3.1절을 어떻게 읽어야 할까요?" 뉴스에서 인터뷰한 학생이 말한다. "삼점일절요." 역사 교육의 필요성은 사회탐구 과목의 하나였던 한국사를 필수영역으로 독립시켰다. 그리고 여러 의견을 수렴한 후 몇 가지 특징을 부여한다. 절대평가로 한다. 등급만 기재한다. 필수응시영역이다. 그래서 한국사를 응시하지 않으면 수능은 무효화된다.

영어영역은 표준점수와 백분위가 없다. 등급만 있다. 영어는 절대평가이기 때문이다. 영어를 절대평가화한 이유로는 지역 간, 계층 간 격차가 떠오르지만, 교육과정평가원에서 내세운 것은 사교육 억제, 의사소통 중심의 수업 활성화였다. 영어가 절대평가화되면서 수능에서의 영향력은 줄어들었지만, 수시에서는 큰 역할을 하고 있다. 바로 수능최저 등급 충족이다. 영어가 쉽게 출제되면 최저 등급 충족자가 많아지고, 어렵게 출제되면 충족자가 적어지는 경향이 있다.

제2외국어/한문은 서울대 및 상위권 대학 인문계를 희망하는 학생들이 응시했다. 서울대 인문계를 지원하기 위해서는 제2외국어/한문 성적이 필요하다. 그리고 일부 상위권 대학 인문계는 제2외국어/한문 성적으로 탐구 한 과목을 대체할 수도 있었다. 그래서 많은 학생이 아랍어를 응시했다. 아랍어는 외고에 전공이 없다. 그러면 외고 학생들과의 경쟁을 피할 수 있다. 또 운만 좋으면 2, 3등급을 받을 수 있다. 상대평가라 2015학년도 수능에서는 50점 만점에 23점만 받아도 1등급이 될 수 있었다. 참고로 다른 제2외국어는 대개 45점 이상 넘어야 1등급이다. 아랍어는 1번만 찍어도 4등급은 된다는 이야기도 있었다. 이후 아랍어의 병폐는 '2018년 대학입학제도 개편방안 및 고교교육 혁신방향'에서 제2외국어와 한문의 '절대평가 전환'을 불러온다. 이젠 제2외국어/한문은 예전처럼 메리트가 없다. 단 하나 서울대 인문계 지원을 위해 응시한다.

다시 수능성적표를 보자. 신기하게도 모든 영역에 원점수가 없다. 대신 표준점수와 백분위가 있다. 이 중 백분위는 익숙하다. 단지 상위

구분	국어			수학			국수
	원점수	백분위	전체평균	원점수	백분위	전체평균	백분위평균
A학생	100	100	90	64	82	40	91
B학생	95	82		100	100		91

A학생과 B학생의 수능성적표

같거나 낮은 학생이 얼마 정도 되는지를 비율로 나타낸 것이다. 많은 대학에서 백분위를 수능 전형에 참고 자료로 활용하고 있다. 표준점수는 다소 생소할 수 있다. 표준점수를 군이 표기하는 이유는 상위권 학생을 변별하기 위함이다. 평균 점수에서 얼마나 떨어져 있느냐에 따라 점수를 부여한다.

A학생과 B학생의 성적표를 보자. 둘 다 국어와 수학 백분위 평균은 91이다. 백분위로 뽑는 대학에서는 두 학생의 능력은 같다. 그런데 정말 두 학생의 능력은 같을까? 국어의 평균은 90점이다. 너무 쉽게 출제됐다. 실력보다는 실수가 등수를 결정한다. 반대로 수학은 너무 어렵게 출제됐다. 그 시험에서 B학생은 100점을 받았다. 정말 무서운 실력이다. 이처럼 시험 난이도에 따라 상위권 학생을 변별하려는 시도가 표준점수를 낳았다.

12년간의 노력이 담긴 한 장의 종이, 수능 성적표를 받았다. 그럼 무엇을 해야 할까? 먼저 배치표를 봐야 한다. 그리고 지원 가능한 바운더리 안에 어떤 대학이 있는지 확인해야 한다.

권장소비자가격과 배치표, 그리고 지금

상품의 가격은 수요와 공급이 결정한다. 이는 시장경제를 이해하기 위한 기본 상식이다. 하지만 과거 물건의 가격은 수요와 공급만으로 결정되지 않았다. '흥정'이 필요했다. 예전에는 정보가 분절되어 있었고, 물류시스템이 잘 갖춰지지 않았다. 시장에는 이를 활용해 가격을 높이고자 하는 사람과 어떻게든 가격을 낮추고자 하는 사람들의 실랑이가 오갔다. 흥정으로 물건을 사게 되면 깎아도 뒤돌아서면 뭔가 손해본 듯했다. 또 기분 좋게 부르는 가격대로 사면 주변 사람들로부터 바보 취급을 당했다. 이후 이런 폐단을 방지하고자 '권장소비자가격'이 등장했다. 원재료비에서 제조비, 운송비 등을 고려해 제품에 가격을 표시했다. 말 그대로 '권장'이었다.

대입에 있어 권장소비자가격의 역할을 하는 것이 배치표다. 대학은 우수한 인재를 뽑고 싶어한다. 수험생은 더 높은 순위의 대학과 학과에 가고 싶어한다. 하지만 대학에 지원할 때 아무런 정보나 가이드가 없다면 일대 혼란에 빠진다. 높은 성적을 받고도 지원 대학에 모두 떨어지기도 하고, 낮은 성적을 받고도 남들이 꿈꾸는 대학에 가기도 한다. 또 여러 사람을 동원해 경쟁률을 최대한 높여 더 이상의 지원을 못 하게 하는 등의 작전을 쓸 수도 있다. 이런 혼란스러운 입시 시장에 배치표는 많은 것을 정리해준다.

수능 점수가 나오면 가장 먼저 찾는 것은 배치표다. 자신이 받은 성적으로 어느 정도 대학과 학과에 갈 수 있는지 살펴본다. 그런데 배치표마다 조금씩 다르다. 배치표는 입시생들의 수능 성적과 과거의 입결 자료를 많이 가지고 있는 대형입시학원에서 만든다. 당연히 가지고 있는 데이터가 다르기 때문에 배치표도 조금씩 다를 수밖에 없다. 또 일부 대학의 경우 생각보다 높은 위치에 자리하기도 한다. 로비의 결과다. 따라서 배치표는 절대적인 것이 아니다. '권장'이다.

권장이더라도 배치표는 입시를 치르는 데 큰 역할을 한다. 아니 '했다.' 과거형으로 표현한 이유는 요즘 정시 원서를 최종 작성할 때는 배치표를 참고하지 않기 때문이다. 배치표는 대입 전형이 복잡해지고, 실제 데이터 기반의 입시 시스템이 정착되면서 역사 속으로 사라지고 있다. 지금은 정시 수능 위주 전형을 치를 때 다음의 몇 가지 중 한두 가지를 활용한다.

먼저 가장 많이 활용하는 것은 '진학사'다. 진학사의 장점은 실제 지원 데이터와 가깝다는 것이다. 정시를 노리는 학생들의 상당수가 진학사를 활용해서 모의지원을 한다. 따라서 지원하려는 대학의 학과에서 자신의 위치를 파악할 수 있다. 이는 정시 마감이 가까워질수록 정확도가 더 높아진다.

다음은 '쎈진학'이다. 쎈진학은 서울시 고등학교 교사들이 서울진로진학센터에서 만든 대입프로그램이다. 서울시 재학생들의 수능 성적과 수시 결과 데이터를 기반으로 한다. 그래서 수능을 본 학생들 중 수시에 합격한 재학생을 걸러낼 수가 있다. 해마다 약간의 차이가 있지만 대개 수시와 정시의 비율은 70:30이다. 그리고 수시 70%에서 상당수는 재학생이 합격한다. 수능을 본 학생들 중 수시 합격생을 걸러낼 수 있기에 보다 정확한 정시 대입 지원 자료를 만들어낼 수 있다. 하지만 재수생 자료와 지역인재 전형을 지원할 수 있는 지방 재학생의 자료를 취합할 수 없기에 한계도 있다.

서울에 쎈진학이 있듯 지방마다 교육청이나 진학협의회 등에서도 대입진학프로그램을 만든다. 특정 지방에는 재학생뿐만 아니라 재수생 자료까지 거의 100% 수합을 한다. 대단한 노력과 단합력이다. 해당 지방의 지역인재 전형을 정시로 지원하기 위해서는 꼭 참고해야 한다.

최상위권 학생들은 또 다른 자료를 만들어 활용한다. 대표적인 것이 상위누적백분위다. 교육과정평가원에서 공개하는 자료와 최상위권 학생들의 데이터를 바탕으로 해서 가능한 점수조합을 만든다. 그리고 점수별로 줄을 세운다. 최상위권 학생들이 희망하는 학과는 대략적으로 순위가 정해져 있다. 자신이 수능 점수로 전국에서 몇 등인지 알게 되면 지원할 수 있는 대학의 학과가 정해진다.

진학사를 중심으로 여러 대입프로그램을 조합하면 또 다른 대입 지원 자료를 만들 수 있다. 하지만 이를 위해서는 많은 자금과 인력이

동원되어야 한다. 일선 학교와 교육청에서는 하기 힘든 작업이다.

지금의 정시 수능 위주 전형은 과거 배치표에만 의존하던 때와는 많이 다르다. 우리가 물건을 사기 위해 여기저기에서 정보를 얻고 인터넷 쇼핑몰에서 최적의 가격을 찾는 것처럼, 대입에서도 발품을 파는 노력이 필요하다. 요즘에는 대학 입학처에 가면 학생의 성적으로 합격이 가능한지도 알려준다. 따라서 대학별 정시설명회에 참여하거나 대학의 입학처에 직접 가보는 것도 많은 도움이 된다.

수험생은 정시 지원을 알아보는 와중에 수능 성적 외에 또 다른 점수가 있는 것을 알게 된다. 그건 반영 영역과 반영 비율에 따른 대학별 환산점수다.

대학은 인재를 가려 뽑는다, 성적 반영

2001년 아마존 창업자 제프 베이조스는 냅킨에 역사적인 메모를 한다. 그 메모는 이후 아마존의 '비즈니스 성장 모델'이 되었고, 오늘날의 아마존을 있게 했다. 내용은 이렇다. 기업이 성장하기 위해서는 저비용 구조를 갖춰야 한다. 이것이 상품의 가격을 낮춘다. 고객은 이를 경험하고 더 많이, 더 자주 방문한다. 고객의 방문은 판매자를 끌어들이고, 더 다양한 상품을 저렴하게 구입할 수 있게 한다.

대입에 관한 글에서 비즈니스 성장 모델을 언급한 건, 대학도 비슷

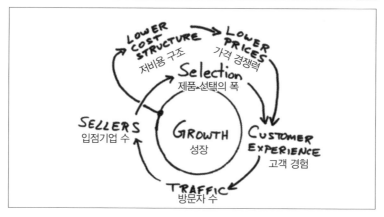

제프 베이조스가 냅킨 위에 그린 것으로 유명한 아마존의 성장 플라이휠

* 출처: 아마존

한 과정을 겪기 때문이다. 대학이 성장하기 위해서는 재정 여건이 좋아야 한다. 그래야 우수한 교수를 확보할 수 있으며, 연구와 교육활동을 위한 시설도 잘 갖출 수 있다. 이는 우수 학생들이 지원하게 되는 유인책이 된다. 학생의 등록금은 재정을 튼튼하게 하며, 우수 교수와 학생 그리고 훌륭한 시설은 각종 사업비와 발전기금을 끌어들인다. 다시 재정이 튼튼해진다.

대학은 이렇게 성장을 한다. 재단의 뒷받침도 있었겠지만 지방에 있는 포항공대도 이런 과정을 거쳤다. 아마 한국에너지공과대학(KENTECH)도 이렇게 성장할 듯하다. 대학이 성장해나가는 과정에서 입학처가 해야 할 역할은 지원한 학생들 중 더 나은 인재를 선발하는 것이다. 하지만 난관이 있다. 정시 수능 위주 전형에서 한국교육과정평가원이 대학에 주어지는 자료는, 수능 성적표에 있는 데이터가 거의 전부라는 거다. 응시영역, 표준점수, 백분위, 등급 등이다. 이때 입학처는 철저히 현실주의자가 되어야 한다. 몽상가가 되면 안 된다. 입시 시장에서 학교의 위치를 파악하고 그에 맞는 전략을 짜야 한다.

그래서 정시 수능 위주 전형에서는 대학마다 수능 성적 데이터를 적용하는 방법이 조금씩 다르다. 그렇다면 대학마다의 적용방법을 모두 알고 있어야 할까? 아니다. 나중에 대학 원서를 쓸 때 지원 희망 대학들의 경우만 살펴보면 된다. 왜냐면 성적 데이터를 적용하는 일정 패턴이 있기 때문이다. 수능 전에는 그것만 알아도 충분하다.

상위권 대학은 표준점수 활용을 선호한다. 백분위보다 상위권 학생을 변별하는 데 유리하기 때문이다. 따라서 지방 거점 국립대를 비롯한 상위권 대학을 희망하는 학생들은 표준점수에 더 신경 써야 한다. 그 외 대학은 백분위를 모두 활용하며, 정시 수능 위주 전형에서 등급을 활용하는 경우는 거의 없다.

반영 영역 적용 개수도 대학에 따라 다르다. 상위권 대학은 모든 영역, 즉 국어, 수학, 영어, 탐구를 반영한다. 그리고 중위권을 지나 하위권 대학으로 갈수록 반영하는 영역의 수가 줄어든다. 4개 영역 중 3개, 4개 영역 중 2개 등으로 반영 영역 개수가 줄어든다. 심지어 한국사에 국수영탐 중 하나를 반영하는 대학도 있다.

영역별 반영 비율은 계열과 대학마다 다르다. 자연계는 간단하다.

한양대 2025 대입 정시 수능 반영 영역 및 반영 비율				
계열	국어	수학	탐구	영어
인문	35	30	25	10
상경	35	35	20	10
자연	25	40	25	10

대학에 상관없이 수학과 과학의 비중이 높다. 국어와 영어보다는 수학과 과학의 소양을 얼마나 갖추고 있느냐를 중요하게 여긴다.

인문계는 이와 조금 다르다. 인문계 상위권 대학은 탐구보다는 국어와 수학의 반영 비율이 높다. 언어 논리와 수리 논리가 좋은 학생을 원한다는 거다. 학문을 깊이 있게 탐구하기 위해서는 이를 잘 갖추고 있어야 한다고 여긴다. 특히 사회 계열의 경우는 수학을 가장 신경 써야 한다. 반영 비율이 높다. 경제뿐만 아니라 사회과학을 연구하는 데 있어 수학은 중요하기 때문이다.

인문계에서 중하위권 대학으로 내려오게 되면 수학의 비중은 줄어든다. 대신 탐구의 비중이 높아진다. 학문의 기초 소양이 부족하더라도 관련 분야에 어느 정도 흥미와 적성을 가졌으면 하는 바람이다.

이렇게 반영 영역과 반영 비율을 고려해서 지원 희망 대학 환산점수를 낸다. 그런데 생각지도 않은 문제가 발생할 수 있다. 그건 영어영역과 한국사영역이다.

사소하지만 사소하지 않은 영어와 한국사

연대와 고대를 지원하려고 한다. 그런데 두 대학 모두 서울대를 피해 '가군'에 위치한다. 두 대학 중 어디를 써야 하나? 학풍, 거리, 배치표상의 근소한 차이 등을 고려해야 하나? 아니다. 그 이전에 자신의 영어 등급을 확인해야 한다.

사교육 억제를 위해 영어영역은 절대평가로 바뀌었다. 이에 따라 대학들은 영어영역을 어떻게 점수화할지 고민했다. 고민의 결과는 다양했다. 당연히 연대와 고대의 영어 성적 반영방법도 달라졌다. 연대는 등급별 점수를 부여해 영역별 반영 비율에 포함시킨다. 반면 고대는 환산 총점에서 등급별로 감점을 한다. 간단히 설명하면 두 대학 모두 수능 1,000점 환산점수로 봤을 때 연대는 영어 1, 2등급 점수차가 8.3점(인문, 자연은 5.6점)이 나는 반면, 고대는 3점이 난다.

이러한 이유로 연대와 고대를 지원할 때 영어가 1등급이면 둘 다 고려할 수 있고, 2등급이면 연대보다는 고대를 지원하는 게 합격 가능성을 높인다.

상대평가인 국어, 수학, 탐구에 비해 절대평가인 영어영역은 정시 수능 위주 전형에서 예전에 비해 입지가 좁아졌다. 그건 데이터로 등급만 주어지기 때문이다. 백분위, 표준점수가 없다.

입지가 좁아진 다른 이유로는 들쭉날쭉한 난이도를 들 수 있다. 국어, 수학, 탐구도 해마다 난이도 조절에 어려움을 겪지 않냐며 반문

대학별 영어 반영방법 예시		
구분	반영방법	대학
서울 소재 대학	등급별 점수 반영 후 비율 적용	건국대, 경희대, 광운대, 국민대, 덕성여대, 동국대, 동덕여대, 명지대, 삼육대, 상명대, 서경대, 서울과학기술대, 서울기독대, 서울시립대, 서울여대, 서울한영대, 성공회대, 성균관대, 성신여대, 세종대, 숙명여대, 숭실대, 연세대, 이화여대, 장로회신학대, 총신대, 추계예술대, 한국성서대, 한국외대, 한국체대, 한성대, 한양대, 홍익대
	감점	고려대, 서울대
	가산점	가톨릭대, 강서대, 서강대, 중앙대
지역 거점 국립대	등급별 점수 반영 후 비율 적용	강원대, 충북대, 경북대, 부산대, 제주대
	감점	충남대
	가산점	전남대, 전북대

* 2024학년도 대입정보 119

할 수 있다. 하지만 그렇더라도 1등급은 4%로 변함이 없다. 반면 영어는 2022학년도 수능에서 1등급은 12.66%, 2023학년도에는 7.83%였다. 즉 들쭉날쭉한 난이도에 절대평가 등급으로는 우수학생을 고르는 데 한계가 있다.

영어가 과거에 비해 중요성이 축소되었다고 하지만 때론 캐스팅보트 역할을 한다. 왜냐면 사람들은 손해를 보려고 하지 않기 때문이다. 사람들은 긍정적 요소보다 부정적 요소에 더 큰 반응을 한다. 다섯 번의 좋은 말보다 한 번의 험한 말이 관계를 망치는 법이다. 따라서 수험생과 학부모들은 국어, 수학 또는 탐구로 갈 수 있는 최대의 대학과 학과를 생각한다. 점수가 남으면 오히려 손해라고 생각한다. 손해를 회피하고 싶어한다. 그러다 영어가 걸린다. 대부분 비슷한 점수대의 수험생이 지원했기에 영어에서의 몇 점이 당락을 가를 수 있다. 이는 한국사도 마찬가지다. 사소하게 생각했다가 사소하지 않음을 깨닫는다.

영어 반영은 대학마다 다르지만 크게 세 가지 방식으로 구분할 수 있다. 첫 번째는 환산 총점에서 감점하는 방식이다. 서울대와 고려대가 대표적이다. 두 번째는 환산 총점에 가점하는 방식이다. 서강대, 성균관대, 중앙대 등이 이 방식을 활용한다. 마지막으로 연세대를 비롯한 많은 대학에서 사용하는 방식으로 영역별 반영 비율에 포함시키는 방법이다. 대개 10~20% 정도 반영하며 등급별 부여 점수는 대학마다 다르다.

서울 소재 대학별 한국사 반영방법(예)	
반영방법	대학
감점	건국대, 경희대, 국민대, 동국대, 서울대, 서울과학기술대, 서울시립대, 성균관대, 한양대
가산점	가톨릭대, 고려대, 광운대, 덕성여대, 동덕여대, 명지대, 상명대, 서강대, 서경대, 서울여대, 성신여대, 세종대, 숙명여대, 숭실대, 연세대, 이화여대, 중앙대, 한국외대, 홍익대

* 2024학년도 대입정보 119

한국사는 태생이 청소년들의 역사의식 강조였다. 따라서 수능에서의 영향력은 미비하다. 하지만 한국사에서 낮은 등급(4 또는 5등급 이하)을 받으면 이 또한 사소함의 사소하지 않음을 깨닫게 된다.

탐구영역에서 표준점수를 변환하는 이유

그 외 정시 수능 위주 전형에서 알아두면 좋을 소소한 세 가지 이야기를 하려고 한다.

일부 고등학교와 입시학원에서는 2022학년도 대입을 치르면서 상위권 수험생들에게 사전 작업이 들어갔다. 대상은 자연계 학생들이었다. 성적이 다소 부족하더라도 교차지원을 해서 서울대에 갈 수 있다고 설득한다. 두 가지가 크게 작용한다고 했다. 하나는 통합수학이고, 다른 하나는 서울대의 탐구 반영 방식 변경이다. 통합수학에 대해서는 앞서 언급했다. 그럼 서울대가 탐구 반영 방식을 어떻게 바꿨다는 말인가?

정시 수능 위주 전형에서 표준점수를 반영하는 대학들은 탐구영역에서는 '변환표준점수'를 쓴다. 표준점수를 그대로 활용하면 어떤 과목을 선택했느냐에 따라 유불리가 생길 수 있기 때문이다. 예를 들면 이런 식이다.

생활과윤리 선택자와 지구과학 I 선택자 모두 만점을 받았다. 그

탐구 만점자의 대학별 변환점수(예)				
만점자 성적			대학별 변환표준점수	
과목	표준점수	백분위	A대학	B대학
생활과윤리	69	100	67.55	68.29
지구과학 I	74	100	68.12	68.93

런데 표준점수에서 차이가 난다. 응시인원수, 난이도, 응시생의 수준 등에 영향을 받았기 때문이다. 그럼 표준점수를 그대로 적용하면 둘 다 원점수가 만점이더라도 지구과학 I 선택자가 큰 혜택을 받을 거다. 그래서 표준점수를 반영하는 대학에서는 탐구에 한해서 변환표준점수를 쓴다. 백분위를 바탕으로 대학별로 가중치와 상수를 넣어서 표준점수를 보정한다.

과거와 달리 서울대에서는 2022학년도 대입부터 표준점수를 그대로 반영한다고 했다. 통상적으로 과학탐구 표준점수가 사회탐구 표준점수보다 높다. 그래서 복수전공의 확대, 통합수학과 함께 표준점수를 그대로 적용하는 방식이 서울대 인문계 학과에 자연계 학생들이 많이 지원하는 결과를 낳았다.

변환표준점수는 대체로 수능 성적이 나오고 1주일 안에 대학별로 발표한다. 최상위권에서는 점수 1점이 당락을 좌우하기에 대학별 변환표준점수 발표에 촉각을 곤두세운다.

수학, 과학 과목 지정의 존재 이유

일부 사람들은 인문계 학생들이 자연계로의 교차지원을 못 하는 이유가, 대학이 자연계 학과를 지원할 때 수학과 탐구과목을 지정해놓았기 때문이라고 한다. 많은 대학은 자연계 학과에 수학은 미적분과 기하를, 탐구는 과학을 지정해놨다. 지정해놓지 않은 경우에는 가산점을 10% 내외 부여하기도 한다.

교차지원의 해소 차원에서 이를 없애라고 한다면 대학은 난감하다. 만약 없앴다고 가정해보자. 미적분과 기하를 배우지 않고 공대에 진학한다. 과학을 배우지 않고 물리학과에 진학한다. 교수의 입장에서는 정말 난감할 거다. 어디서부터 어떻게 가르쳐야 할지 고민된다. 그렇다고 대학 교육과정을 바꿀 수도 없는 노릇이다.

실제 2021학년도 수능에서는 '기하와 벡터'가 빠졌다. 2015 개정 교육과정에 따라 수능도 바뀌어야 했는데, 교육부에서 이를 유예하면서 벌어진 문제였다. 대학들이 난리가 났다. 심지어 공대생들도 동참했다. 신문에서는 연일 '4차 산업혁명시대', 'AI 기초학문', '과학기술의 뿌리' 등의 말들을 써가며 '기하와 벡터'가 빠지는 것에 대해 비판을 했다.

생각해보면 과거 수학, 과학 과목 지정은 인문계 성향의 학생이 자연계 학과로 교차지원을 못 하도록 막는 역할을 했다. 예전에는 수학을 '가'와 '나'로 나눴기 때문에 수학 실력이 떨어지더라도 '수학 나'(주로 인문계 학생들을 봄)를 선택해 높은 백분위와 표준점수를 받을 수 있었다. 만약 대학들이 특정 학과에 대해 '수학 가'로 지정하지 않았거나 가산점을 주지 않았다면 모두 다 '수학 나'만 선택했을 거다. 아니면 인문계 학생들이 대학 간판을 따기 위해 자연계 학과로 대거 교차지원을 했을 거다.

하지만 이제는 다르다. 인문계, 자연계 학생 모두 같은 '수학'을 본다. 당연히 상위권은 자연계 학생들이 차지한다. 2024학년도 대입부터 시작해서 정시에서 수학, 과학 과목 지정은 줄어들게 될 거다. 정부에서 대학들에게 그렇게 하라고 했기 때문이다. 그런데 예전처럼 수학을 '가'와 '나'로 나누지 않고 통합수학을 봐야 하는 상황에서 상위권 대학의 자연계로 교차지원할 수 있는 인문계 학생은 얼마나 될까란 생각은 지울 수 없다.

수시와 달리 왜 정시는 군을 나눴나

마지막은 가나다군에 대한 것이다. 가끔 이런 궁금증이 생긴다. 수시는 희망 대학을 모두 지원할 수 있는데, 왜 정시는 대학을 세 개의 군으로 나눠 수험생의 선택권을 제한하는가? 앞서 '수능을 왜 셋째 주 목요일에 보는가'에서 밝힌 것처럼 이것 또한 행정적인 처리로 생겨난 거다. 대입은 크게 수시와 정시로 나눈다. 수시는 대학에서 '수시로' 전형

정시 군별 특징				
구분	가군	나군	다군	군외
특징	• 연고대 • 주요 대학	• 서울대 • 주요 대학 • 교대 대부분	• 인문계 최상위권 대학 없음 • 자연계 최상위권 의치한약수 • 수도권 주요 대학 • 경쟁률 높음	• 과학특성화대학 등 • 3회 제한 없음

을 한다는 것이고, 정시는 '정해진 기간 내'에서 전형을 한다는 것이다.

정시는 시간이 촉박하다. 보통 12월 말에 원서접수가 끝나면 1월에 전형을 한다. 서둘러 마무리하고 미충원 인원은 2월에 추가모집으로 돌리고 다음 학기를 시작해야 한다. 그래서 '대입 전형 기본계획'을 보면 정시 전형 기간을 세 개로 나눠놨다. 그런데 정시는 주로 수능점수로 합격 유무를 가리는데 왜 기간을 정해놔야 하는지 의문이 든다. 대학의 이야기를 들어봐도 정시 전형이 가장 힘이 덜 든다고 한다. 왜냐면 수능 성적으로 줄 세우고 자르면 되니까.

문제는 정시모집을 할 때도 실기나 면접을 보는 학과가 있다는 거다. 실기를 준비하고, 실시하고, 평가를 마무리하려면 시간이 필요하다. 대학마다 임의대로 전형을 실시할 경우 수험생의 부담도 커질 뿐만 아니라 대학도 안정적인 평가 진행이 어렵다. 그래서 대교협에서 가나다군을 나누어 조율하는 것이다.

참고로 실제 정시는 '가나다군 + 군외'로 운영된다. 군외에는 사관학교나 과학특성화대학 등이 있다. 따라서 군외의 대학에 지원한 경우는 정시 세 장의 카드에 속하지 않는다.

정시 수능 위주 전형 준비하기

대입에서 정시 수능 위주 전형은 점점 줄고 있다. 단, 수도권 주요 대학 중 16개 대학은 정부의 방침으로 40%를 정시로 선발해야 한다. 또 지방의 경우 지역인재 전형에서 정시가 조금씩 늘고 있는 추세다. 의약학 계열에서 의무선발 비중을 지켜야 하니 정시에서도 선발 비중을 늘렸다.

이를 보면 상위권 대학이나 학과에 진학하기를 희망하는 학생은 정시가 좋은 기회가 될 수 있다. 그렇다고 만만하게 봐서는 안 된다. 서울의 주요 대학 정시 합격자 중 약 70% 정도가 N수생이며, 의치한약수의 경우 합격자의 거의 80%가 N수생이다. 따라서 막연한 희망만 갖고 있다면 큰코다칠 수 있다.

정시 수능 준비가 가능한 학생이어야

수능 점수는 공부량에 비례한다. 소위 '엉덩이가 무거운' 학생이 수능에서 높은 점수를 받을 수 있다. '양질전화(量質轉化)'란 말이 있다. 양이 쌓이게 되면 질적으로 성장하게 된다. 이는 계단식으로 일어난다. 끝까지 포기하지 않고 양을 쌓아야 어느 순간 질적으로 성장한다.

정시에는 반수생들이 많다. 왜? 그건 수능에서 한 번 질적으로 성장하게 되면 레벨 다운이 잘 일어나지 않기 때문이다. 최상위권 반수생의 경우 1학기 때는 즐겁게 대학 생활을 하다가 여름방학이나 2학기부터 수능을 준비하곤 더 높은 곳으로 떠난다. 그 학생들은 단지 3, 4개월 공부한 것이 아니다. 12년, 13년 동안 공부하고 잠시 쉬었다가 3, 4개월을 더한 것이다.

성적을 올리고 싶으면 '습'이 중요하다고 했다. 학습의 '학'은 배우는 것이고 '습'은 스스로 익히는 것이다. 이런 학습이 제대로 이루어졌을 때 수능에서 고득점을 받을 수 있다. 그리고 '습'은 사교육에서 해줄 수 있는 것이 아니다. 학생 스스로 할 수 있어야 한다. 수능을 앞두고도 '학'에만 골몰하고 있다면 고득점의 바람은 잠시 접어두는 게 좋겠다.

또 학습은 넓고 깊게 해야 한다. 수능 등급이 중하위인 학생들도 재수해서 수능 공부를 열심히 한다. 그런데 대개 큰 변화가 없다. 1년 동안 인내를 발휘해서 열심히 했지만 성적이 오르지 않았다. 이런 경

224

우는 공부하던 것만 무한 반복해서 그렇다. 수능에서 5등급을 받아 재수를 했는데 다시 5등급을 받았다면, 그 학생은 1년 동안 5등급을 받게 되는 공부만 한 것이다. 그래서 수능 성적을 올리기 위해서는 넓고 깊게 공부하는 것도 무엇보다 중요하다.

심리적 강단도 중요하다. 수능은 한 번에 모든 것이 결정되는 시험이다. 그래서 심리적 강단이 없는 학생들은 평소에는 잘하다가 수능시험 당일 무너지는 경향이 있다. 정시를 준비한다면 학생에게 이러한 면이 있는지도 살펴봐야 한다.

또 국어영역 성적이 좋은 학생이 수능을 준비하는 게 좋다. 재수를 한 학생들을 대상으로 "재수를 하게 되면 어떤 과목이 가장 성적이 오르느냐?"를 물어보면 대개 수학을 먼저 꼽는다. 한국인 최초로 필즈상을 받은 교수도 방송에서 이런 말을 했다. "다시 수험생이 된다면 국어와 영어, 탐구는 자신 있다. 하지만 수학은 점수 받기가 어려울 것 같다." 그가 이렇게 이야기한 게 이해가 된다. 왜냐면 수능 수학은 훈련이 필요하기 때문이다. 그래서 재수를 하면서 훈련량을 쌓은 수학은 타 과목에 비해 성적이 많이 오른다.

반면 국어는 그렇지 않다. 아무리 해도 성적이 잘 오르지 않는다. 그래서 국어에서 많은 어려움을 겪는다면 정시를 준비할 때 살짝 고민해봐야 한다.

적절한 정보를 얻고 전략을 세워야

정시 수능 전략은 변하고 있다. 예전에는 대입 전형 중 예측 가능성이 가장 높았다. 배치표의 권위가 있었기 때문이다. 그땐 배치표를 믿고 대학에 지원했다. 하지만 최근 들어서는 다소 혼란한 양상을 띠고 있다. 통합수학으로 인한 자연계 학생의 교차지원, 반수생들의 증가로 인한 허수지원, 수능고득점자의 수시합격률 증가 등으로 인해 안정적이던 정시가 흔들리고 있다. 변수가 많아진 거다.

이럴 때일수록 정보 수집이 중요하며 그에 따라 전략을 잘 세워야 한다. '과거에 그랬으니 올해도 마찬가지겠지.' '작년에 빵꾸가 났으니 올해도 그렇겠지.'라고 판단하면 큰 오산이다. 해마다 판이 조금씩 달라진다.

진학사, 쎈진학, 고속성장기 등을 활용하거나 또는 대학입학처를 방문해 정보를 얻고 소신(패), 적정(무), 안정(승)을 어떻게 배치할지 고민해야 한다. 안정적으로 전략을 짜고 싶으면 2승 1무나 2승 1패의 전략을, 평범하게 가겠다면 1승 1무 1패의 전략을, 재수도 상관없으니 공격적으로 가고 싶다면 1승 2패나 1무 2패의 전략을 짤 수도 있다.

만약 정시로 지역인재 전형을 쓴다면 다니고 있는 고등학교에서 주는 입시정보를 가장 신뢰해야 한다. 지역인재 전형은 해당 지역의 고등학교에서만 쓸 수 있기에 전국적인 데이터보다 지역의 데이터가 중요하다. 지방마다 교육청이나 진학협의회 등에서 재학생들의 자료

226

를 수집하고 공유하기 때문에 그곳에서 만들어진 자료는 다른 어떤 것보다 신뢰도가 높다.

정시는 데이터 싸움이다. 따라서 어디에서 어떤 정보를 취합하고 있는지, 또 그 자료가 어떤 특징이 있으며, 한계점은 무엇인지 알아두면 수능 위주 전형을 지원하는 데 큰 도움이 될 것이다.

상위권 대학을 노린다면 선택과목을 신경 써야

상위권 대학과 학과는 당연히 우수한 집단의 학생들이 지원한다. 그래서 그들에게 1점은 크나큰 차이를 만든다. 그래서 그들은 1점을 더 맞을 수 있는 방법과 1점을 덜 잃을 수 있는 방법이 있다면 귀를 쫑긋하고 기울인다.

상위권 대학은 주로 표준점수를 반영한다. 현 수능 체제에서는 국어, 수학 영역에서 어떤 과목을 선택했느냐에 따라 표준점수의 유불리가 생긴다. 국어영역은 언어와 매체, 수학영역은 미적분과 기하를 선택하는 것이 대학 진학에 유리하다.

국어영역에서는 성적이 낮은 학생들이 화법과 작문을 많이 선택하면서 언어와 매체를 선택한 집단이 상대적으로 우수해졌다. 그리고 이젠 우수한 학생들이 표준점수를 더 잘 받기 위해 언어와 매체를 선택한다. 수학 영역은 자연계 학생들이 미적분을 대부분 선택하기 때문에 집단이 우수하다. 따라서 국어영역에서는 언어와 매체, 수학영역에서는 미적분, 기하를 선택한 집단의 공통과목 평균 점수가 높다. 어떤 과목을 선택했느냐에 따라 유불리가 생기는 이유다.

앞으로 유불리 과목은 바뀌지 않으리라고 본다. 한 번 경로가 정해졌기 때문이다. 따라서 교육부에서 무리수를 두지 않는다면 고득점을 받고자 하는 수험생은 국어영역에서는 언어와 매체를, 수학영역에서는 미적분을 선택하는 것이 유리하다. 2028학년도 대입 전까지 유효하다.

만약 인문계 학생 중 최상위권 대학에 도전하고자 한다면 수학영역에서 미적분 선택을 한 번쯤 고민해볼 필요가 있다.

재수나 반수도 받아들일 수 있어야

고등학생 자녀를 둔 학부모는 대부분 재수를 고려하지 않는다. 아이들에게 "우리 집에 재수는 절대 없다."라는 이야기도 공공연하게 한다. 하지만 재수는 안 하고 싶어서 안 하는 게 아니다. 어쩔 수 없이 하는 것이다.

수능 응시생의 30% 이상이 N수생이다. 수능 원서를 작성하고는 수능 당일 결시하는 학생이 10%를 넘는다. 서울의 주요 대학 정시 합격자 중 70% 정도가 N수생이며, 의대 합격자는 80% 정도다. 그만큼 재학생이 수능으로 대학에 들어가는 문은 좁다. 학교알리미에서 소위 교육특구의 고등학교를 살펴보면 재미난 점을 발견할 수 있다. 교육특구임에도 불구하고 대학진학률이 40% 정도다. 이건 명목상 그렇고, 실제로는 이것보다 더하다. 반수생과 합하면 85%의 학생들이 다음 해 수능을 다시 본다. 졸업 후 같은 반 학생들 대부분을 재수종합학원에서 만난다는 우스갯말도 있다.

따라서 재학 기간 동안 최선을 다하되 재수를 하게 될 경우도 고려해야 한다. 선행학습과 인터넷강의, 썸머스쿨과 윈터스쿨 등으로 사교육비가 들어가며, 졸업 이후 재수종합학원을 다니게 되는 비용도 발생한다. 학생 중 재수종합학원의 비용을 아끼기 위해 독학재수학원이나 독서실을 이용하는 경우도 있다. 하지만 이 경우 무엇보다 철저한 자기관리가 필요하다. 또한 심리적으로 흔들리지 않는 것도 중요하다.

가끔 학교로 찾아오는 재수생과 대화를 나눈다. 막상 재수를 하고 보니 본인이 고등학교 때 얼마나 안일하게 공부했는지를 알겠다는 거다. 그 학생도 재학생 때 나름 열심히 한 학생이었데 재수를 하게 되면 공부량이나 자기관리, 긴장감 등에서 과거와는 전혀 다른 듯하다.

같은 전형을 준비하는 학생들이 많은 곳으로

정시 수능 위주 전형을 준비하려면 정시 위주로 대학을 보내는 학교에 지원해야 합니다. 제일 중요한 것은 분위기이기 때문입니다. 수능은 한 번의 시험으로 모든 게 결정 납니다. 그래서 끝까지 집중해서 하는 것이 중요합니다.

그런데 만약 다니고 있는 고등학교가 교과나 학종 중심으로 대학에 보낸다면 어떨까요? 3학년 1학기 기말고사가 끝나면 분위기가 흐트러집니다. 또 9월 원서 접수 시기가 되면 다들 들떠 있습니다. 마치 원서를 지원한 대학이 내 학교가 된 거처럼 기분이 들뜹니다. 원서 접수가 끝나면 이젠 면접 준비로 바빠집니다. 정시를 준비하는 학생은 수능일이 다가올수록 마음은 점점 불안해지면서 집중하기가 어렵습니다.

사교육을 받을 수 있는 지역인가도 고려해야 합니다. 사교육 없이도 수능에서 고득점을 받는 학생들이 있지만, 현실은 바람대로 되지 않는 법이니까요. 수능 점수를 높이기 위해서는 사교육의 도움도 필요합니다. 학

230

교에서 교과개념(지식)을 배웠다면 다음으로는 문제 푸는 스킬을 배워야 하기 때문이죠.

수능은 주어진 시간 내에 문제를 풀 수 있는지도 평가합니다. 한 문제를 풀기 위해 많은 시간을 할애할 수 없습니다. 이 부분을 해결하는 데는 사교육이 특화되어 있습니다. 수능 점수를 잘 받는 지역을 보면 단번에 알 수 있습니다. 대부분 유명 학원가를 끼고 있습니다.

하지만 학생이 사교육의 도움을 받고 있는지, 사교육이 학생의 도움을 받고 있는지 구별할 수 있어야 합니다. 고3을 마무리하면서 많은 학부모가 이런 푸념을 합니다. "이제야 알았어요. 제가 학원 전기료를 내고 있었다는 걸요." 사교육의 도움을 받더라도 자기주도학습에 할애할 시간이 필요합니다. 학생에게 무엇이 필요한지 생각해보세요.

정원 외 모집과
내외부의 불만

대학의 모집 인원은 '정원 내' 모집과 '정원 외' 모집으로 나뉘어 있다.

정원 외 모집은 대학에게는 옵션이다. 모집 인원을 다 채우든 말든 대학의 자유다. 사회배려자, 농어촌, 특성화고졸업자, 재외국민 등을 모집 정원의 11% 내에서 추가로 모집할 수 있다. 정원 외 모집은 학업 능력보다는 고르게 기회를 주는 것에 초점을 두고 있다. 당연히 지원 풀이 약하다. 그래서 많이 선발하면 교내 학생들의 불만이 나온다. 한 대학의 신문에 이런 내용의 글이 있었다.

> 자신들은 대학에 들어오기 위해 인내하며 부단히 노력했는데, 정원 외 모집으로 들어온 사람들은 상대적으로 쉽게 들어왔다. 또 같이 수강을 했을 때 그들로 인해 수업 분위기가 저하된다.

수업 분위기를 저해한 특정인이 정원 외 모집으로 들어왔기 때문에, 정원 외 모집으로 들어온 학생들은 수업 분위기를 흐린다고 일반화하는 것은 무리가 있다. 다만 그렇게 느끼는 대학생들이 얼마나 많은지는 모르겠지만, 그들의 내재된 감정을 확인할 수 있다.

정원 외 모집에서 많이 선발하면 불만인 집단이 또 있다. 지방대다. 지방대의 신입생 충원율은 수도권에 비해 상대적으로 낮다. 매해 신입생을 다 채우지 못해 기운이 빠진다. 그런데 수도권 대학은 정원을 다 채웠으면서 정원 외 모집으로도 최대한 채우려고 한다. 지방대 입장에서 보면 야속하다. 그들에 비해 우리는 뭐가 부족한가. 열정인가, 시설인가, 교수진인가? 아니다! 두드러지는 게 딱 하나 있다. 지리적 위치다.

정원 외 모집을 채우지 않으면 대학재단이 불만이다. '돈이 어디에서 더 나올 거냐' 한다. 2010년부터 정부에서 등록금 인상을 억제하고 있는데 '학교 운영을 어떻게 할 거냐' 한다. 물가와 인건비는 계속 상승하는데 허리띠를 졸라매도 어렵다.

잊을 만하면 한 번씩 대학교수의 기고문이 신문지상에 올라온다. 정원 외 모집을 최대한 활용하는 수도권 대학에 대한 공격이다. 파이가 커질 때는 모른다. 하지만 작아지기 시작하면 예전에는 드러나지 않았던 불만들이 터져 나온다. 지금까지는 시작에 불과하다. 본게임에 곧 들어갈 듯하다. 한국의 주요 사회 갈등 중 하나로 자리 잡을 날도 멀지 않았다.

실기 위주 전형

실기/실적 위주 전형이라고 한다. 전형에 실기가 들어가거나, 외부활동 등의 실적을 평가 자료로 활용한다. 이 전형에는 미술, 체육, 음악, 연기/연출, 무용, 미용, 게임, 문예, 어학, 수학/과학, 컴퓨터/IT/SW, 공학/기능/발명, 로봇 등이 있다. 이 중 일반고 학생들은 미술, 체육, 음악 등의 예체능 분야에 진학하기를 희망한다. 그중에서 예고 학생들이 대입을 치르는 순수 예술 분야나, 체육특기자들이 진학하는 학과는 제외해야 한다. 미술, 체육, 음악 분야의 대입은 하나로 묶어 설명하기 어렵다. 왜냐면 각각 고유의 특성을 지니고 있기 때문이다. 서로 묶을 수 있는 것은 '예체능'이라는 단어와 고등학교에 올라와서 '많은 학생이 대입으로 예체능을 선택하는 이유' 정도다.

욕망의 차선책, 압박의 도피

음악, 미술, 체육의 예체능 대입은 예고나 체고와 같은 특수목적고에게 유리하다. 그다음은 예체능 중점학교다. 일반계 고등학교에서 예체능을 준비하는 학생이 없는 건 아니다. 하지만 그들에게 대입 준비 환경은 우호적이지 않다. 대부분의 학급 친구들은 내신 성적과 수능 준비에 몰두하고 있는데 혼자서 실기 준비를 한다는 게 어색하다. 또 학원과 학교에서 학생에게 각각 요구하는 것이 충돌해 괴로워하기도 한다. 학원에서는 실기 준비를 위해 학교 수업을 빼라고 하고, 학교에서는 결석이나 조퇴로 처리할 수밖에 없다고 한다. 그 사이에 있는 학생은 난감하다.

그럼에도 불구하고 예체능을 고집하는 학생들이 있다. 보통 두 가지 경우로 수렴된다. 먼저는 욕망의 차선책이다. 어린 아이들이 발달 단계에서 무언가를 하게 되면 부모는 부푼 꿈을 그린다. 그리고 꿈을 현실로 만들기 위해 사교육뿐만 아니라 정신교육도 시킨다. 학생의 머릿속에는 가야 할 순위의 대학이 있으며 순위에 없는 대학에 가는 것은 불효이며 찬란했던 과거 삶에 대한 배신이라고 여긴다.

그래서 고민한다. 성적은 올리기 힘든데 순위가 높은 대학에 가는 방법은 무엇일까? 한참 고민하다 결론을 내린다. 바로 예체능이다. 점수가 낮더라도 실기만 잘 보면 충분히 승산이 있다고 생각한다. 또 요즘에는 복수전공도 활발하니 일단 들어가서 이후 취업이 잘되는 학과를 전공하면 된다. 정말 합리적인 선택이라 여긴다.

다음은 압박의 도피다. 고등학교로 진학하면 중학교에 비해 공부량이 많아진다. 또 경쟁이 치열해진다. 일본 학생들은 '학교' 하면 '공동체'를 먼저 떠올린다고 한다. 우리나라 학생들은 '경쟁'을 제일 먼저 떠올린다. 경쟁과 학업에 대한 압박감에 학생들은 도피처를 찾고자 한다. 그림을 그리거나 노래를 부르거나 열심히 땀을 흘리면 마음의 위안을 얻는다. 경쟁이 치열할수록, 대입이 다가올수록 예체능이 주는 마음의 위안은 크다.

마침 학원에서 상담을 받았더니 장밋빛 청사진을 그려준다. 충분히 가능하다고 한다. 그리고 잘 된 사례들을 나열한다. 상담받는 학생의 바람은 그들(잘된 사례)로부터 지지를 받는다.

한때 자기계발 관련 사례에 스티브 잡스가 많이 등장했다. 그의 스탠퍼드 대학교 졸업식 연설은 많은 이에게 감동을 주었다. 불우한 환경을 딛고 오늘날의 아이폰을 있게 만든 신화 같은 존재다. 그럼 그는 왜 신과 같이 추앙을 받을까? 달리 생각해보면 그와 같은 성공의 사례가 일반적이지 않기 때문이다. 많은 사람이 노력하고, 창의력을 발휘해서 스티브 잡스와 같이 될 수 있다면, 그는 그저 일반적인 사례 지나지 않을 것이다. 그와 같은 사람은 미국 인구의 1%도 되지 않으니 그는 추앙받는 것이다.

희망을 갖는 건 좋은 일이다. 욕망의 차선책이든, 압박감의 도피처든 뭔가 몰두하고 최선을 다한다는 건 좋은 일이다. 하지만 대입은 냉정하다. 힘듦으로부터의 도피가 좋은 대입 결과로 이어지기 어렵다. 예체능을 하고 싶다면 도피가 아니라 '내가 좋은 성적을 받을 수 있음에도 불구하고 예체능을 하겠다'가 되어야 한다.

그리고 예체능을 준비하는 학생들은 실기 전형도 성적이 중요해지고 있다는 사실을 인지해야 한다. 사회가 변하고 있기 때문이다.

기술의 발전과 예체능 입시

아침이면 챗GPT(chatGPT)에게 몇 가지 질문을 한다. 밤새 혼자 생각했던 명제를 검증받는다. 가령 이런 거다. "우수한 대학은 우수한 학생이 들어가기 때문에 우수해진 거다. 어떻게 생각하는가?" 챗GPT가 말한다. "틀린 말은 아니지만 너무 단순하게 본 거다. 대학은 우수한 교수진과 좋은 교육환경을 갖추고 있어야 한다. 교육과정도 훌륭해야 한다. 물론 우수한 학생들도 중요하다. 이런 것들이 복합적으로 얽혀져 대학은 발전하는 거다."

인공지능의 발전 속도가 놀랍다. 이미 창작의 영역에 근접했다. 인공지능의 발전은 컴퓨터학과의 커리큘럼도 바꾸고 있다. 인공지능이 잘하는 코딩 강의를 없애고, 인공지능을 활용하는 강의를 개설하고 있다. 앞으로의 인재는 인공지능을 활용해서 고차원적인 가치를 창출할 줄 알아야 한다고 본 것이다.

인공지능을 비롯한 기술의 발전은, 미술과 체육 등의 예체능 대입에도 영향을 주고 있다. 왜냐면 실기 능력의 중요성이 낮아지기 때문이다. 미술의 경우를 보자. 순수 미술 분야는 예고 학생들을 당해낼 수 없다. 그래서 일반고 학생들은 대부분 디자인 학과로 진학을 희망한다. 취업도 잘 된다. 하지만 디자인에 컴퓨터 프로그램이 들어온 지는 이미 오래다. 실기 능력보다는 컴퓨터 조작 능력이 점점 더 요구된다. 그리고 실기 능력보다도 학생의 창의력을 더 중요시하고 있다. 지금은 인공지능에게 원하는 디자인을 말하면 몇 초 안에 만들어낸다. 실기 능력보다 인간과 사회를 이해하는 능력이 더 중요해졌다. 이런 이유로 미대 입시(디자인)에서 내신과 수능 성적은 무엇보다 중요하다.

체대 입시도 실기보다 성적이 더 중요해지고 있다. 스포츠를 데이터화하고 이를 분석하는 능력이 요구된다. 앞으로 인공지능이 이를 대체한다면 체육전공자는 더 가치 있는 일을 부여받게 될 것이다. 체육전공자가 스포츠생리학을 공부하려면 생물학적 지식을 갖추고 있어야 한다. 스포츠마케팅을 공부한다면 인문, 사회 지식을 알고 있어야 한다. 사회체육 지도자가 되어도 마찬가지다. 과거처럼 지도받는 사람에게 야단치면 되는 게 아니다. 왜 그렇게 해야 하는지, 원리가 무엇인지 설명해줄 수 있어야 한다. 사회는 똑똑한 체육인을 요구하고 있다.

예체능에서 기술 발전의 영향을 덜 받는 분야도 있다. 음악과 연기다. 하지만 이 분야 또한 입시가 쉽지 않다. 음악의 경우 순수음악은 일반고에 있는 학생이 예고 학생들을 넘어서기 어렵다. 그래서 많이 들 실용음악을 선택한다. 하지만 4년제의 경우 실용음악학과가 있는 대학은 많지 않으며 전문대에 지원하더라도 지원하는 학생 수가 워낙 많아 경쟁률이 매우 높다. 이는 연기도 마찬가지다. 그래서 음악과 연기 분야의 입시를 준비하는 학생들을 보면 안쓰러움도 많이 든다.

과거 예체능 입시에서 가장 중요한 것은 실기였다. 순수예술을 하거나 프로 선수가 꿈인 학생들에게는 여전히 실기가 중요하다. 하지만 일반고에서 예체능을 준비하는 학생들은 다르다. 그들이 원하는 입시 결과를 얻어내려면 성적이 무엇보다 중요하다. 성적으로 갈 수 있는 대학그룹을 정하고 실기로 세부대학이 정해진다고 보면 된다.

경험에 비춰봐도 예체능을 준비했던 학생 중 만족할 만한 결과를 낸 학생들은 대부분 성적이 좋았다.

미술 계열 대입의 전반적 그림

미대 디자인학과를 희망하는 학생들이 가장 가고 싶어하는 대학은 서울대, 홍익대, 국민대다. 여기에 특수목적대학으로 한국예술종합대학이 있다. 홍익대의 경우 미대가 힘들면 자율전공학과를 노리기도 한다. 입학해서 미술을 전공하기 위해서다. 그래서 홍익대 자율전공학과는 미대만큼 치열하다.

그럼 이런 대학에는 어떻게 진학할 수 있을까? 예전에는 실기 위주의 전형이 주를 이루었다. 실기를 잘하면 희망하는 대학에 진학할 수 있었다. 하지만 최근 들어 교과 전형과 학종 전형이 늘고 있다.

미술 계열에서 수시와 정시로 선발하는 인원은 얼추 비슷하다. 하지만 최근 들어 수시가 조금씩 증가하고 있고, 비수도권 대학의 경우 수시 선발 인원이 더 많다. 수시에서 학생들을 선발하지 않으면 정시에서 정원을 다 못 채울 수도 있기 때문이다.

미술 계열의 수시는 크게 세 가지로 나뉜다. 교과, 학종, 교과/실기다. 교과와 학종의 경우 실기 시험이 따로 없다. 단지 학생의 교과 성적이나 학교활동을 근거로 학생을 선발한다. 교과의 경우 수학 성적을 포함하지 않는 학교가 많으며, 학종의 경우 전공적합성이 학업성취도와 함께 중요하다. 학교에 따라 활동보고서를 제출하는 학교도 있다.

미술 계열 대입 전형

구분	수시				정시
	교과	학종	교과+실기		수능+실기
			단계	일괄	
내신	절대적	높음	높음	낮음	일부 대학 반영
수능 최저	대부분	일부	없음	없음	–
특징	실기 능력 부족해도 가능		경쟁률 상대적으로 낮음	경쟁률 매우 높음	상위권 대학 포진

일부 대학에서는 논술을 보기도 한다.

교과/실기 전형의 경우 크게 두 가지로 나뉜다. 그건 단계별 전형과 일괄 전형이다. 단계별 전형은 교과 성적으로 일정 배수의 학생을 추린 다음, 그 학생들을 대상으로 실기를 실시한다. 반면 일괄 전형은 응시생 모두를 대상으로 실기를 보고 교과 성적과 실기 점수를 합산해 합격생을 선발한다. 당연히 일괄 전형의 경쟁률은 상당히 높다. 주요 대학의 경우 보통 50:1을 넘는다고 보면 된다.

정시 전형은 대부분 대학에서 수능과 실기 점수를 합산해 선발한다. 일부 대학의 경우 내신을 반영하기도 하고, 또 어떤 대학은 실기 100%, 수능 100%로 선발하기도 한다.

체육 계열 대입의 전반적 그림

여타 예체능이 그렇듯 체육 계열 대입을 준비하는 학생은 세 가지 부류로 나뉜다. 정말 체육을 하고 싶어 일찍부터 준비한 학생, 상위 대학에 가고 싶었는데 현재의 성적으로는 힘들 것 같아 선택한 학생, 힘든 고등학교 생활에서 체육이 탈출구와 같았던 학생 등이다. 이들 모두 체육 계열 대입을 준비한다. 그래서 각자 대입을 대하는 태도와 준비된 상황이 다르다. 각자 본인에게 맞는 전형을 찾아야 한다.

체육 계열은 수시와 정시로 학생들을 선발하지만, 수시의 경우 반

이상이 체육특기자를 위한 전형이다. 따라서 일반고 학생들에게는 수시보다 정시에 더 많은 기회가 있다고 보면 된다. 수시의 경우 교과, 종합, 논술, 실기가 있다.

　교과 전형은 내신이 절대적이며 많은 대학에서 면접을 실시한다. 또 수능 최저 등급이 걸려 있는 대학이 대부분이다. 종합 전형은 내신과 함께 전공적합성이 중요하다. 논술은 일부 대학에서 선발하며 전체적으로 선발 인원이 많지 않다. 교과, 종합, 논술 전형은 학생의 실기 능력을 평가하지 않는다. 그 때문에 운동 능력은 떨어지지만 체육 계열에 대한 열정과 학업적 역량이 있다면 충분히 도전해볼 만하다. 수시 실기 전형은 주로 중하위권 대학에서 실시하며, 내신보다는 실기

구분	수시				정시	
	교과	종합	논술	실기	수능100	수능+실기
내신	절대적	높음	낮음	낮음	–	–
면접	다수	대부분	–	일부	–	–
수능 최저	대부분	일부	대부분	일부	–	–
특징	운동 실기 능력이 낮아도 됨			중하위권 대학	수능 절대적	중상위권은 수능 비중 높음, 중하위권은 실기 비중이 높음

체육 계열 대입 전형

반영 비율이 높다. 내신에는 자신이 없지만 실기 능력을 갖추고 있다면 도전 가능하다.

체대 입시에서 정시는 수능 성적이 대학 레벨을 결정한다고 보면 된다. 수능 성적으로 대학 그룹이 정해지고 그 안에서 실기로 결정이 난다. 따라서 상위권 대학에 가고 싶으면 수능 성적이 좋아야 한다. 만약 중하위권 대학에 들어가고자 한다면 실기를 잘 보면 된다.

대학마다 체대 실기 종목이 다르다. 제자리 멀리뛰기, 턱걸이, 서전트 점프, 농구, 배구 등 다양하다. 그래서 실기 비중이 높은 대학에 들어가고 싶은 학생들은 미리 실기 종목을 확인한 다음 꾸준히 준비해야 한다.

음악 계열 대입의 전반적인 그림

진로 지도에 있어 오랜 난제다. 잘하는 것을 해야 할까, 아니면 하고 싶은 것을 해야 할까? 오랜 경험에서 지금까지 내린 결론은 '잘하는 것을 해야 한다'이다. 음악 계열 대입 설명을 하는 데 있어 이 이야기를 하는 것은 음악 계열도 그렇다는 거다. 좋아하기 이전에 잘해야 한다. 왜냐면 음악 계열은 다른 예체능과 달리 실기가 중요하다. 예체능 계열에서 보통 실기를 단계별 전형으로 한다면, 교과로 1단계를 거친 다음 실기를 본다. 그런데 음악 계열은 다르다. 거의 실기를 먼저 본다.

그리고 1단계를 거른다.

앞에서도 언급한 적이 있다. 일반고에서 음악 계열을 준비하는 학생은 안쓰러워 보인다. 실기가 중요하기 때문에 실기를 열심히 해야 한다. 하지만 그들의 경쟁상대는 예고 학생들이다. 순수음악 말고 실용음악을 택한다면 갈 수 있는 4년제 대학교가 많지 않다. 그마저도 안 되면 전문대라도 가야겠지만 경쟁률을 보면 쉽지 않다.

만약 음악교육과에 가고 싶다면 조금 다르다. 다른 음악 관련 학과보다 성적을 많이 본다.

일반고에서 실기 위주 전형을 준비하는 학생들을 보면 안타까움이 있다. 그건 학생들에게 느끼는 안타까움보다 학교에서 그들에게 큰 도움을 주지 못하는 현실에 기인한다. 만약 예고나 체고였으면, 아니면 예체능 중점학교였으면 많은 데이터를 가지고 학생들의 대입 전략을 세웠을 것이고, 실기도 챙겨줄 수 있었을 것이다. 하지만 현실은 그렇지 못하다.

대학서열과
대학들의 모집 전략(feat. 뇌피셜)

대학은 자신의 위치를 냉정히 생각한다. 그리고 냉정한 판단 위에 치밀한 전략을 세운다. 과신은 때론 위태로움을 유발한다.

과신의 예로 고려대의 사례를 들 수 있다. 고려대는 연세대와 경쟁하며 서울대를 잡으려고 한다. 따라서 연세대와 함께 서울대에 가는 인재를 빼오려고 전략을 편다. 하지만 2018학년도 대입부터 전략을 수정한다. 우수인재 선발보다는 우수인재를 길러내는 데 집중하겠다고 했다. 서울대, 연세대 말고 고려대에 오고 싶은 인재를 뽑겠다고 공언했다. 그래서 입학처를 '인재발굴처'로 바꾸는 용단을 내렸다. 학교에 대한 자부심과 자신감이 충만했다. 논술을 없앴다. 정시 비율을 대폭 줄였다. 하지만 지금까지 그때의 구상이 생각대로 되었는지 의문이 든다. 그래서 최근 과거로 회귀하는 모습을 보이고 있다.

이에 비해 연세대는 최상위 포식자로서의 지위를 마음껏 활용한다. 아니 서울대가 있는데 연세대가 최상위 포식자인가? 왜냐면 서울대는 손이 귀한 집안의 장손과 같기 때문이다. 제약이 많다. 모두 둘째, 셋째는 안 본다. 장손의 일거수일투족을 보고 거침없는 평가를 한다. 그래서 연세대는 상대적으로 자유롭다. 학종, 정시 외에 논술, 교과, 특기자, 외국인 전형, 시스템반도체특별전형 등에서 최고의 학생들을 선발한다. 대입에서 서울대보다 활동반경이 넓다.

서강대, 성균관대, 한양대의 전략은 명확하다. SKY를 아깝게 떨어진 학생들을 뽑고자 한다. 즉 서연고를 쓰고 자기 학교를 마지막으로 쓴 학생들을 뽑고 싶어하지 자기 학교를 최상위로 지원한 학생을 뽑고 싶어하지 않는다. 이는 학종에 면접이 없다는 것만 봐도 알 수 있다. (수능 최저도 없다.) 모집 전략상 뽑고 싶은 학생은 SKY를 지원한 학생들이다. 그럼 지원자 중 3배수를 뽑아 면접을 보더라도 상당수는 SKY에 붙어 오질 않는다. 면접이 의미가 없다. 때론 추가합격이 4배수, 5배수 범위까지 늘어난다. 괜히 면접을 만들어 합격가능풀을 3배수로 제한해버리면 모집 인원을 못 채우는 학과가 생길 수 있다. 그럼 인원을 정시로 이월시켜야 하고 정시모집 인원의 증가는 입결의 하락, 입학생의 질적 저하, 대입서열에서의 하락 등으로 연결될 수 있다.

이렇듯 대학들은 냉철함과 간절함을 갖고 대입 전략을 설계한다.

물론 서울시립대처럼 특수 상황에 놓인 대학들도 있다. 시립대는 입학처, 교수, 서울시의회의 삼각구도 속에서 대입 전형의 전략과 타깃팅이 설정된다. 더 많은 대학의 상황과 대입 전략을 이야기하고 싶지만, 그럼 이 페이지에서 빠져나오지 못할 듯해 여기서 접는다.

　　대학별 대입 전형을 유심히 들여다보면 재밌다. 그들의 고민이 읽힌다. 때론 의문에서, 의문을 푸는 과정에서 재미난 이야기를 발견하기도 한다.

3장

멀리 보는 대입:

앞으로의
대입 이슈 살피기

가까운 미래에는 어떤 일이

당장 내년, 내후년에는 대입에 어떤 일들이 벌어질까? 신문이나 뉴스, 유튜브 등을 보면 대입 관련 새로운 소식이 많이 들린다. 대부분이 낯선 모습이다. 낯섦은 사람들에게 불안을 안긴다. 불안은 여러 사회적 파장을 몰고 오며 이를 잠재우고자 다양한 경제활동도 벌어진다.

지금부터는 가까운 시기부터 있을 대입 이슈를 몇 가지 다뤄 보려고 한다.

선택과목에 따른 유불리와 쿼티 자판

수능에서 선택과목에 따라 유불리가 생긴다. 국어영역에서는 '언어와 매체'를, 수학영역에서는 '미적분'을 선택하는 것이 표준점수를 잘 받는 데 유리하다. 국어영역 만점인데, 수학영역 만점인데 어떤 과목을 선택했느냐에 따라 표준점수가 달라진다. 앞서 수능에서 '과목을 선택한 집단의 공통과목 평균 점수'가 더해지는 공식을 봤다. 수학영역에서 미적분은 과거 자연계라고 불렀던 학생들이 많이 선택한다. 그래서 미적분을 선택한 집단의 공통과목 점수는 높을 수밖에 없다.

그럼 국어영역에서 '언어와 매체'는 어떻게 된 것인가? 이는 두 가지로 볼 수 있다. 하나는 국어를 어려워하는 학생들이 문법이 있는 '언어와 매체'보다 '화법과 작문'을 선택해서 상대적으로 언어와 매체를 선택한 집단이 우수해졌다는 거다. 다른 하나는 재수생들이 언어와 매체를 대거 선택한 거다. 재수생들은 2022학년도 선택형 수능 이전에 국어영역을 준비했는데 그 당시 수능 국어영역에는 문법 문제가 있었다. 그래서 이미 공부한 내용이라 재수생들이 대부분 언어와 매체를 선택했을 수 있다.

이유야 어찌 되었든 선택과목에 따른 유불리가 계속될 것이냐가 궁금하다. 그건 쿼티(QWERTY) 자판에서 힌트를 얻을 수 있다. 현재 쓰이고 있는 컴퓨터 자판이 쿼티 자판이다. 왼쪽 위쪽부터 Q-W-E-R-T-Y 순서로 하나씩 배열되어 있다. 그런데 원래 자판은 그렇지 않

대입	2023학년도					2022학년도				
영역	국어		수학			국어		수학		
과목	화작	언매	확통	미적	기하	화작	언매	확통	미적	기하
표준 점수	132	135	142	145	144	147	149	144	147	147

2023, 2022학년도 대입 수능 국수 원점수 만점일 때 선택과목별 표준점수

았다. 알파벳의 규칙에 따라 사람들이 치기 편하게 설계되어 있었다. 하지만 문제가 생겼다. 자판이 최초로 쓰였을 때는 컴퓨터가 아니라 타자기였다. 사람들이 자판을 너무 빨리 치다 보니 타자기가 엉키는 일이 자주 발생했다. 기술의 발전은 어렵고, 고민고민하다 자판을 헝 클어놔 버렸다. 그랬더니 타자 치는 속도는 느려지고, 타자기의 엉킴 현상은 더 이상 발생하지 않았다.

기술이 발전해서 지금은 타자기를 사람들의 반응 속도를 감당할 수 있는 컴퓨터가 대체하고 있지만 여전히 쿼티 자판이다. 한번 경로 가 정해지면 바뀌지 않는 법이다. 언어와 매체, 미적분을 선택하면 다 른 선택과목보다 유리하다는 경로는 설정됐다. 그럼 상위권 학생들은 어떻게 할까? 자신은 화법과 작문이, 확률과 통계가 더 좋다고 그것을 선택할까? 아니다. 오히려 인문계 상위권 학생들이 일부 미적분으로 넘어갈 수도 있다.

상위권 대학에서 지정과목을 없애면 이런 경향이 사라질까? 그럼 자연계 상위권 학생이 상위권 인기 학과에 갈 수 있으니 확률과 통계를 선택할까? 미적분을 잘 보면 더 높은 표준점수를 받을 수 있는데 그것을 포기할까? 아니면 확률과 통계를 쉽게 출제하고, 미적분을 어렵게 출제하면 어떨까? 그럼 형평성의 이슈가 더 터져 나올 것이다.

경로는 정해졌다. 유효기간은 수능 체제가 변하기 전(2028학년도 대입)까지다. 단, 예외가 두 가지 정도 있다.

하나는 여론이 안 좋아져 정치 이슈화된다면, 아마 합리적 방법이 아닌 무리수를 마구 던질 거다. 그럼 또 다른 문제가 불거질 수밖에 없다. 그때 가능한 방법 중 하나는 공통과목과 선택과목의 비율을 조정하는 것이다. 현재는 공통:선택 75:25다. 선택과목에 따른 유불리를 최소화한다면 50:50으로 조정하면 될 듯하다. 근본적인 해결은 아니지만, 최소화시킬 수는 있다. 단, 국어과에서 반발을 할 거다. 화법과 작문이나 언어와 매체로 50% 출제하는 게 부담스럽다.

다른 변수는 대형학원의 전략을 들 수 있다. 이는 수능 국어영역에서 언어와 매체가 화법과 작문보다 만점 표준점수가 더 높아진 것과 유사한 사례다. 상위권 재수생을 다수 확보하고 있는 대형입시학원에서 전략적으로 학생들에게 확률과 통계를 선택하게 하면 판도가 약간 달라질 것이다.

서울대로 가는 행운의 버스는 떠났다

대입 관련 이슈들이 너무 많아서 서울대 이슈가 묻혔다. 그건 탐구에서 'Ⅱ과목 제한'을 폐지했다는 거다. 기존에는 서울대 자연계로 진학하려면 물리학Ⅱ, 화학Ⅱ, 생명과학Ⅱ, 지구과학Ⅱ 중 하나는 무조건 선택해야 했다. 수능 만점을 받더라도 Ⅱ과목을 선택하지 않았다면 서울대에 합격할 수 없었다. 이런 Ⅱ과목 때문에 벌어지는 일이 있다. 때로 서울대 의대보다 연세대 의대의 입결이 더 높다는 거다.

서울대는 예전부터 정시에서 Ⅱ과목을 요구했다. 과거에는 이 전략을 먹혀들었다. "서울대에 정말 오고 싶은가? 그럼 Ⅱ과목으로 증명을 해라."였다. 그런데 상황이 바뀌었다. '서울대에 정말 가고 싶다'보다는 '의대에 정말 가고 싶다'로 변하고 있다. 그래서 최상위권 학생은 Ⅱ과목을 선택하지 않는다. 괜히 선택했다가 후회한다. 참고로 Ⅱ과목은 선택한 인원수가 적어 좋은 점수를 받기가 어렵다.

2024학년도 대학 신입학생 입학전형 예고사항 발표(2021.07.)
○ 수능 과학탐구 응시영역기준 개편
• 과학탐구영역 Ⅱ과목의 필수 응시 기준을 완화하여 2024학년도부터 수능 과학탐구영역 응시기준에서 'Ⅰ + Ⅰ' 응시 조합을 허용합니다. 다만 지속적으로 과학탐구영역 Ⅱ과목 응시를 장려하기 위해서 과학탐구 과목 응시 조합 유형에 따른 조정점수를 부여합니다.

이런 경우가 있다. 수능을 잘 봐서 그래도 중간 정도되는 의대에 들어갔다. 그런데 갑자가 마음이 아프다. '내가 Ⅱ과목만 선택하지 않았으면 메이저 의대에 들어가는 건데.' 의대에 들어가면 다 될 줄 알았는데, 의대에도 메이저 의대가 있다. 메이저 의대 내에서도 넘어서기 힘든 순위가 있다. Ⅱ과목만 안 봤으면 하는 후회가 밀려온다. 그래서 서울대 의대를 고집하는 수험생 외는 Ⅱ과목을 선택하지 않는다.

자연히 Ⅱ과목을 보는 학생들의 풀은 약해진다. 서울대도 몇 년 전부터 신입생들의 학력 저하 이슈가 생기고 있다. 그래서 과감히 Ⅱ과목 제한을 풀었다. 대신 Ⅱ과목을 보면 가산점을 주는 방향으로 바꿨다. 2024학년도 대입부터는 Ⅰ과목을 보더라도 서울대에 합격할 수 있다. 지나고 나서 돌아보니 2023학년도 대입이 Ⅱ과목을 봐서 성적이 다소 낮더라도 서울대에 갈 수 있는 찬스였다.

센스가 있는 학교장이나 학원장이었으면 동창회 장학금이나 여러 자금을 동원해 Ⅱ과목을 보는 재학생이나 재수생, 반수생을 적극 지원했을 거다. 그때가 서울대 합격생을 늘릴 수 있는 찬스이고 이미지를 굳히는 기회였으니 말이다.

이젠 Ⅰ과목을 보더라도 서울대에 갈 수 있으니 서울대 지원풀은 좋아질 거다. 그에 따라 충원율도 예전보다 더 높아지지 않을까 예상해본다. 또한 상위권 대학 및 학과의 가, 나, 다군 지원 사슬이 달라질 거다. 이에 따라 서울대 이하의 대학들은 어떻게 해야 더 우수한 학생을 뽑을지 여러 가지 셈법을 할 거다. 모집군의 분할 및 이동도 하나의 수단이 될 수 있다. 그리고 저 멀리 버스가 또 온다. 멀어서 명확히 보이지는 않지만 눈을 찡그려서라도 보니 '의대 증원'이라는 글자가 보인다.

정시에 교과를 반영하는 게 낯선가

서울대 이슈가 나왔으니 하나 더 언급해야겠다. 2023학년도 대입부터 서울대는 정시 수능 전형에 교과를 반영했다. 많은 입시관계자가 주목했다. 서울대는 대입에서 변화의 시발점이 되니 말이다. 서울대가 정시에 교과를 반영했으니 곧 다른 대학들도 움직이지 않을까 했다. 그러던 중 고려대가 움직였다. 2023학년도부터 정시에 교과를 반영한다고 한다.

그럼 서울대가 시작해서 고려대에서 받아쳤으니 이제 연쇄적인 변화가 있지 않을까? 하지만 이를 걱정하기 이전에 그들은 왜 정시에 교과를 넣었을까를 생각해봐야 한다. 대학입학처의 존립 이유는 우수한 학생 유치다. 지방대의 경우는 미달 방지의 차원이지만 서울대와 고려대는 미달을 걱정할 위치는 아니다. 그들은 우수한 학생을 유치해야 한다. 그래서 두 학교 다 학생부 종합 전형에 큰 비중을 뒀다. 2021학년도 대입에서 서울대 정시는 21.9%, 고려대는 18.4%였다. 서울의 주요 대학 중 정시 선발 비율이 가장 낮았다. 만약 정시로 들어온 학생들을 추적조사해보니 성과가 좋았다는 데이터가 있었다면 서울대, 고려대는 정시를 대폭 늘렸을 거다. 하지만 그렇지 않았다. 두 대학의 전 총장들의 말을 들어보면 정시 모집에 대한 불신이 깔려 있다.

교육부 장관이 직접 나와 공정성 강화방안을 발표하면서 해당 대학들은 2023학년도 대입까지 정시를 40%로 늘려야 했다. 그리고 교육부 장관은 2022학년도 대입에서 조기달성하겠다는 말을 흘렸다. 조기달성의 채찍은 '돈'이었다. 16개 대학 중 대부분이 2022학년도 대입에서 40%를 향해 달려갔지만, 서울대는 8.2%를 늘려 30.1%로 맞췄다. 정말 늘리기 싫어했다.

그러다 2023학년도 대입에서 40.1%로 맞췄다. 단, 조건을 달았다. 수능 성적 외 교과 평가를 하겠다는 거다. 이는 더 나은 학생들을 뽑겠다는 것보다 덜 우수한 학생을 걸러내겠다는 의지가 작용한 듯하다. 서울대의 교과 평가는 정성평가다. 단지 교과 내신 성적만으로 평가하지 않는다. 그럼 수시에 이어 정시에도 많은 인력이 투입되어야 한다. 내신 성적, 과목별 세부능력 특기사항은 학생부에서 가장 많은 분량을 차지한다.

서울대에 이어 고려대에서도 교과를 반영한다. 그런데 정량평가다. 그냥 과목별 내신 등급만을 사용한다. 정성평가로 하기에는 많은 인적·물적 자원의 투입이 부담스러웠나 보다. 또 그렇게 하더라도 정성평가나 정량평가나 큰 차이가 없을 거라는 판단이 선 듯하다. 고려대는 정시 18.4%에서 40.0%로 21.6%를 늘렸다. 16개 대학 중 가장 높은 수치다. 이렇게 늘렸을 때 문제는 끝에 들어오는 합격생과 다른 합격생 간의 격차가 커질 수 있다는 거다. 고려대는 이를 해결하고자 교과라는 카드를 꺼내 들었고 4, 5등급이 넘어가는 과목이 여럿 있으면 걸러내겠다는 의지를 보였다.

다시 원래의 질문으로 돌아가보자. 다른 대학들도 정시에 교과를 반영할까? 그건 대학에서 정시로 뽑은 학생들의 데이터를 보고 어떤 생각을 갖느냐로 결정이 날 것이다. 만약 반영한다고 하더라도 서울대처럼 정성평가를 하기에는 무리가 있을 듯하다. 바쁘게 한 해 입시를 마무리하고 다음을 준비해야 하는데 정시 전형 기간에 인적·물적 자원을 투입하기는 어렵다. 또 2028학년도 대입이 어떻게 변할지도 모르는 상황에서 한시적일 수 있는 '정시 내신 반영'을 결정하기에는 입시의 안정성을 해치는 결과를 초래할 수 있다.

문제는 공정성 강화방안으로 정시 수능 위주로 모집 인원의 40%를 선발해야 하는 대학이다. 지금 16개 대학은 교육부에 지속적으로 정시를 줄여달라는 사인을 보내고 있다. 전국적으로 대학들이 정시를 줄이고 있는데 왜 본인들만 역행하느냐는 것이다. 대학의 자율성을 강조하는 현 교육부에서 이 사인을 받아주면 정시에서의 내신 확대는 일어나지 않으리라 본다. 하지만 그렇지 않다면 수능 성적 외 '교과'라는 '걸러내는 장치'를 하나 더 고안하게 될 거다. 2026학년도부터 교과를 반영하겠다고 발표한 연세대처럼 말이다.

마지막으로 하나 놓친 게 있다. 정시에서 수능 100%로 선발하는 대학이 늘어난 건 최근 들어서의 일이다. 예전에는 많은 대학이 내신을 반영했었다. 비록 실질반영률은 낮았지만 말이다.

어쩌면 선택한 대학이 사라질 수 있다

대입 수시·정시 원서 마감이 며칠 안 남았다. 막막하다. 학생의 성적으로 갈 수 있는 선택지가 많지 않다. 자료만 보고 학생에게 대학을 찍어주고 설명하면 되겠지만, 왠지 찜찜하다. 차로 달린다. 대학 홍보자료를 보면 대학교가 그럴듯하게 보인다. 대학 입학 관계자가 일선 고등학교에 찾아와서 좋다는 이야기를 연신한다. 가서 직접 학교를 봐보자. 학교 분위기도, 재학생들의 표정도 살펴보자. 조금이라도 더 정보를 수집하자.

원서를 작성할 즈음이 되거나 시간이 나면 여기저기 대학교를 가본다. 해당 대학에 다니고 있는 졸업생들을 불러내거나 전화를 해서 대학 상황을 들어본다. 만족도도 물어본다. 학생들을 대학에 보내는데 직접 가보지도 않고 학생들에게 권한다는 건 뭔가 찜찜하다. 만약 내 자녀라면 그렇게 하겠는가? 아닐 것이다.

앞으론 학생들이 원서를 쓸 때는 더 신중을 기해야 한다. 특히 비수도권 대학이 그렇다. 없어질 대학이 생길 것이며, 입학 때와 졸업 때 위상이 바뀌는 대학이 있을 것이다. 이는 학령인구가 감소하고 있고 그와 함께 현 정부의 대학구조조정 정책에 변화가 있기 때문이다. 현 정부는 과거 정부가 대학구조조정의 일환으로 추진해온 대학역량평가를 마무리하고, 새롭게 RISE 사업을 들고 나왔다.

RISE는 Regional Innovation System & Education의 약자로 '지역 혁신 중심 대학지원체계'를 말한다. 이젠 교육부에서 중앙집권적으로 대학을 통제하거나 지원하지 않고 지방정부로 재정을 지원해 줄 테니 지방정부와 지방대학이 협력해서 지역에 특화된 대학을 육성하라는 거다. 이렇게 되면 RISE 사업으로 성장하는 대학과 퇴보되는 대학이 생길 수밖에 없다. 또한 대학을 혁신시켜 특화 분야에서 세계적인 대학으로 거듭나는 지방대학인 '글로컬 대학'도 30개교 내외로 생길 예정이다.

반면 혁신을 하지 못하고, 신입생도 줄어드는 한계대학도 늘어날 거다. 한계대학은 재무구조가 부실하고 정상적인 학생모집을 할 수 없어 고등교육기관으로서의 경쟁력을 상실한 대학을 말한다. 한계대학은 다음의 과정을 거친다. 먼저 재정지원제학대학으로 선정되고, 여기에서도 개선이 없으면 경영위기대학으로 분류된다. 그래도 소생이 어려우면 폐교로 간다.

과거의 사례를 보면 폐교된 대학의 학생들은 인근 대학이나 지방 거점 국립대학으로 편입됐다. 그래서 이를 노려 경영위기대학에 지원하는 게 어떨까라는 웃픈 이야기도 있었다.

이제 수험생, 특히 비수도권 대학에 지원하려는 수험생들은 대학을 선택할 때 신중해야 한다. 본인의 성적도 있겠지만 대학 순위를 떠나 그 대학이 어떻게 변하고 있는지 어떻게 변할지를 살피는 노력이 필요하다. 잘 선택하면 학생과 함께 성장하는 대학이 될 것이다. 입학했을 때 대학의 위상과 졸업할 때의 위상이 다를 거다. 그에 따라 학생도 크게 성장할 것이다. 반면 잘못 선택한다면 대학 생활에서 즐거움보다 우울함이 더 많을 거다.

2025년 고1부터 본격 시행될 고교학점제

고교학점제로 학생, 학부모, 교사들은 불안해한다. 낯섦으로 인한 불안이다. 그런데 생각해보자. 그것이 '고교학점제' 자체에 대한 불안일까, 고교학점제가 가져올 '대입제도개편'에 대한 불안일까? 당연히 후자일 가능성이 높다.

대입의 큰 변화는 2028학년도 대입부터 있을 예정이다. 그런데 확실하지 않다. 큰 변화는 언젠가 오겠지만 조금씩 유예될 수도 있다. 교육부 장관도 대입의 큰 변화가 가져올 사회불안 가중을 참작해서 이렇게 발언했다.

2022년 11월 11일 정부세종청사에서 이주호 교육부 장관의 취임 기자간담회가 열렸다. 한 기자가 질문한다. "고교학점제 도입에 따른 새 대입개편 방향은 어떻게 되나요?" 이주호 장관은 답했다. "고교학점제도 있고 몇 가지 변화에 따라 입시가 맞춰져야 하는 부분이 있다. … 미세조정이라고 할까. 학부모에게 큰 변화까지 느낄 정도는, 가능하면 이번 정부에서는 소극적으로 해야 하지 않을까. … 교실 변화에 주력하면서 (대입 개편은) 속도 조절해야 한다고 본다. 입시 피로도가 많이 쌓였다.”

교육부 장관은 학생, 학부모, 교사를 안심시키기 위해 이와 같이 발언했지만, 2022 개정교육과정의 핵심인 고교학점제가 대입에 큰 변화를 가져올 거라는 건 불 보듯 뻔하다. 2025년 고1 학생들이 고3이 되는 2027년에 치르게 될 2028학년도 대입은 지금과 다른 모습으로 다가올 거다. 상대평가에서 절대평가로 바뀌기 때문에 기존 교과 전형에서 성적을 반영하는 방법도 변할 거다. 학종 전형은 학생들의 학업 능력을 어떻게 파악할지 더 고심할 거다. 수능도 변할 수밖에 없다. 고등학교 1학년 때 배우게 되는 공통과목만 출제하든지, 지금의 체제를 수정하든지, 아니면 애초 수능을 만들었던 취지로 돌아갈 거다. 언어와 수리적 사고를 바탕으로 한, 대학에서 학업을 얼마나 잘 수행할 수 있는지를 보는 기초 학업 역량을 평가하는 것 말이다.

이럴 때일수록 고민하기보다는 기본으로 돌아가야 한다. 바로 학생이 역량을 갖추는 거다. 대학은 대입제도가 어떻게 바뀌든 역량 있는 학생을 뽑으려고 한다. 그리고 그렇게 하기 위해 다양한 방법을 강구할 거다. 그 방법은 2024년 2월에 발표되는 '대입정책'에 따라 1, 2년에 걸친 고심으로 완성될 예정이다.

연도	2020년	2021년	2022년	2023년	2024년	2025년	2026년
내용	도입 준비기 (마이스터고) 학점제 도입		(특성화고) 학점제 도입 (일반고) 학점제 부분 도입			본격시행(고1~)	
대입 발표	–	–	–	–	대입정책 (2월)	대입 전형 기본사항 (8월)	대입 전형 시행계획 (4월)

2028 대학입시제도 개편 시안 주요내용

수능	• 국어, 수학 선택과목 폐지 → 국어(화법과 언어, 독서와 작문 문학), 수학(대수. 미적분 I . 확률과 통계)으로 통합 • 절대평가의 심화수학(미적분II+기하) 신설 • 탐구 선택과목 폐지 → 공통사회, 공통과학 동일 응시 ※1학년 과목
내신	전 과목 절대평가에 상대평가 병기 • 9등급제 → 5등급제 ※ 1등급(10%), 2등급(24%/누적34%), 3등급(32%/누적66%), 4등급(24%/누적90%), 5등급(10%/누적100%)

학생, 학부모, 교사가 대입 정책을 바꾸기는 어렵다. 왜냐면 각자의 상황이 다 다르기 때문에 한목소리를 내기 어렵다. 그저 상황이 주어지면 그에 따라 대응해야 한다. 어떻게 될지 모르니 여기저기의 말에 부화뇌동하지 말고 기본에 충실하면서 때를 기다리는 것이 지금으로서의 최선이라 본다.

2023년 10월 10일에 교육부에서 '2028 대학입시제도 개편 시안'

을 발표했다. 주요 내용은 앞의 표와 같다.

2023년 12월 3일 기준 시안이다. 앞으로 국가교육위원회를 거쳐 최종 확정될 거다. 파격적인 변화다. 그런데 이번 교육부의 발표보다 더 중요한 것이 다가온다. 그건 대학이 교육부에서 제공한 데이터를 바탕으로 신입생을 어떻게 선발할 건지에 관한 계획이다. 특히 이번 정부는 대학의 자율을 강조하고 있다. 어떻게 발표되는지에 따라 대입의 판도가 결정될 듯하다.

대입 4년 예고제가 있어 수험생 입장에서는 그나마 준비할 여유가 생겼다. 하지만 이 안이 2028학년도 대입부터 적용될 경우 가장 어려움에 처하게 되는 건 2024년 고등학교 1학년 학생이다. 특히 정시 수능을 준비하는 학생이 가장 난감하다. 정시를 보게 되면 대부분 재수를 해서 '연장전'에 돌입하게 되지만 2024년 고1 중 정시 수능 준비생들은 다른 라운드를 맞이하게 될 것이기 때문이다.

조금 기다려야 하는
미래에는 어떤 일이

일개 개인이 미래를 예측하기란 불가능하다. 특히 대입처럼 변수들이 많고 큰 에너지들이 충돌하는 곳에서는 더더군다나 그렇다. 차라리 사주를 보는 게 마음이 더 안심되고 정확할지 모르겠다. 그래서 앞으로 대입은 중장기적으로 어떻게 될지를 설명하기 어렵다. 하지만 전문가 집단을 활용할 수 있다. 우리나라 최고의 대학에서, 최고의 관계자들이 모여 대학의 중장기 발전에 대해 논의를 나눴다. 그렇게 해서 만들어진 것이 '서울대 중장기 발전계획'이다. '조금 기다려야 하는 미래에는 어떤 일이'에서는 '서울대 중장기 발전계획'으로 미래의 대학과 대입의 모습을 갈음하고자 한다.

'우물 안 개구리'와 세계적인 대학으로의 도약

2022년 8월 서울대 홈페이지에 한 문건이 올라왔다. 대충 훑어만 봐도 예사롭지 않았다. 이걸 만들기 위해 심혈의 노력을 기울였겠다고 생각됐다. 그리고 구체적이다. 뭔가 하려는 의지가 보였다.

한때 VISION 2020이 유행했었다. 큰 조직체부터 작은 조직체까지 VISION 2020을 만드는 데 분주했다. 그런데 대부분이 장밋빛 그림이었다. 계획에 도취되어 계획서 작성만으로도 뭔가 뿌듯함을 느꼈다. 2020년이 지났다. VISION 2020과 실상은 괴리되었다.

서울대 중장기 발전계획서가 예사롭지 않았던 건 이 문구도 크게 작용했다. '우물 안 개구리'. 서울대의 현실인식과 자기반성, 앞으로의 간절함이 느껴졌다. 초반부는 발전계획이라기보다는 서울대의 반성문 같았다.

2000년대 초 한 외국인 유학생을 만났다. 한국에서 연애를 하고 싶어 어학연수를 왔다고 했다. 의도가 원초적이었으며 그가 한국을 바라보는 태도는 불순했다. 특히 한국 학생들의 최애인 서울대를 깔보는 태도를 시종 견지했다. 그가 말했다. 자신이 다니는 대학과 서울대의 대학랭킹 차이를 아느냐고. 그때 처음 알았다. 세계대학 랭킹이 있다는 것을. 서울대는 100위권에 없었다.

뉴욕에 간 적이 있다. 현지에서 이런 이야기를 들었다. 여기 사람들은 서울대를 모른다. 그래서 서울대나 지방대나 한국에 있는 대학으로 생각한다. 한국에서는 서울대와 지방대의 차이가 있는지 모르겠지만 세계에서는 둘 다 출발점이 같다.

　서울대는 이제 국내대학을 너머 세계 속의 대학으로 도약하고자 한다. 그리고 그 간절함과 의지를 '서울대 중장기 발전계획'에 담았다.

창의, 융합, 연결과 공유 그리고 사회적 가치

발전계획서는 총 231페이지다. 크게 세 개의 챕터로 되어 있다. '미래사회와 서울대의 역할', '부분별 발전계획', '전략 및 실행과제 추진계획' 등이다. 많은 분량의 내용이 이 말로 요약이 가능하다.

　　국가와 인류의 미래에 공헌하는 지식공동체

　여기에서 먼저 '국가와 인류의 미래에 공헌'이란 말을 살펴보자. 여기에는 창의, 융합 그리고 연결과 공유라는 가치를 담고 있다. 그럼 내용 전개를 위해 현재의 서울대 모습을 먼저 살펴보자.

　서울대는 과거 각계각층에 우수한 인재를 공급함으로써 국가 발전을 이끌었다. 그런데 시대는 변하고, 인재상은 달라지고 있다. 필요한 역량도 변하고 있다. 하지만 서울대는 여전히 관료주의에 물들어 변화가 요원하다. 이젠 국내 1위라는 지위도 위협받고 있다. 이미 의대 순위에서 독보적 자리를 잠시 연세대에게 내줬다. 세계는 서울대 의대보다는 연세대 의대를 더 높게 보기 시작했다.

또 서울대의 많은 졸업생은 전공과 관련 없는 직업을 선택하고 있다. 사회 수요와 대학 공급의 미스매치다. 무학과제를 시행하면 자연히 사회 수요를 맞출 듯한데 학과 이기주의가 문제다. 신문칼럼에서도 연일 학과 이기주의를 때리고 있다. 서울대는 이해의 충돌이 있겠지만 무학과로 가야 한다고 인식하고 있다. 융합형인재 양성과 함께, 무학과의 당위성을 발전계획서는 담고 있다.

마지막으로 서울대는 국내에 갇혀 대학 본연의 역할을 도외시해 왔다. 인류의 난제에 대해 고민하고 이를 해결하기 위한 연구를 모색해야 했다. 오늘날의 서울대가 있었던 것은 '미네소타 프로젝트'라는 국제원조가 있었기 때문에 가능했던 게 아닌가. 세계 속의 서울대가 되어야 한다. 하지만 기후위기라는 인류 최대 위기 앞에서도 서울대는 서울에서 탄소를 가장 많이 배출하는 기관으로 선정됐다. 서울대가 국제적 위상을 높이기 위해서는 인류의 미래에도 적극 공헌해야 한다.

이처럼 대전환과 인류의 위기에 대처하기 위해서는 창의적이고 융합적 사고가 필요하다. 따라서 기존의 학과 중심의 학제 체제를 허물어야 한다. 그래서 무학과제를 제시한다. 학생들이 전공을 융합하고, 설계할 수 있도록 해야 한다. 이를 뒷받침하기 위해 기숙대학(RC, Residential College)을 활용한 생활 연계 교육(LIL, Learning In Living)을 실시한다. 학생들은 거주 공간을 함께 해서 생활 속에서 토론하고 프로젝트를 진행해나간다.

또 국제 인재 확보를 위해 해외 캠퍼스를 만든다. 현재 베트남에 호치민대와 공동으로 설립하는 방안이 유력하다. 서울대 단독으로 하기에는 위험과 재정 부담이 크다. 최종 목표는 미국에 캠퍼스를 만드는 것이다. 베트남 캠퍼스를 졸업하면 본캠 대학원으로 진학할 수 있도록 설계한다.

학기 운영도 글로벌 스탠더드에 맞출 필요가 있다고 봤다. 겨울방학은 시간 낭비다. 따라서 3학기, 9월 학기제 도입이 필요하다. 여름방학은 어학연수나 글로벌 인턴십 등으로 활용하면 된다. 과도기 과정으로 RC를 활용한 새내기 대학을 설정할 수 있다.

다음으로 '지식공동체'란 말을 살펴보자. 여기에는 연결과 공유, 사회적 가치를 담고 있다. 앞에서 언급한 RC와 LIL도 지식공동체를 위한 설계다. 각자의 지식과 경험을 공동 공간에서 공유하고 문제해결에 직접 적용한다. 궁극적으로는 '사회적 가치'를 창출할 수 있는 역량을 기를 수 있다.

캠퍼스를 특성화시키는 전략도 내놓았다. 현재 캠퍼스의 역량은 서울에 집중되어 있고 타 캠퍼스는 서울캠의 축소판이다. 캠퍼스마다 특성화를 시키고 이를 연계시키는 전략이 필요하다고 봤다. 또 디지털 대전환 시기에 맞는 메타버시티[Metaversity: 메타버스(Metaverse)와 대학(University)을 합친 용어]를 구축해야 한다고 봤다. 그래서 학생들이 언제, 어디에 있든 접속해서 학습할 수 있도록 한다.

다시 원점으로, 하지만 예전과는 다른

다시 원점이다. 서울대가 국립에서 법인으로 전환한 것은 '소통'과 '돈' 때문이었다.

발전계획서에 거버넌스(Governance)란 용어가 지속적으로 등장한다. 거버넌스는 정책을 결정하는 관련 협의체를 말한다. 과거 관료주의가 갖고 있는 상명하복의 체계에 반하는 것이다. 서울대는 국립이었기에 관료주의가 깊게 뿌리내리고 있었다. 그래서 시대의 변화에 즉각적으로 대응하기 어려웠다. 법인으로 전환해도 소통과 정책 결정에 있어 별반 차이가 없었다.

하지만 예전과 다른 것은 서울대도 이를 충분히 인지하고 있으며 개선하고자 하는 의지를 보이고 있다는 점이다. 그래서 다시 원점으로 돌아온 듯 보이지만 예전과는 다른 양상이다.

과거 국립 서울대는 정부의 지원에 의존했다. 우수한 교수라도 연봉이 낮았다. 지급할 수 있는 연봉의 한계가 있었다. 아무리 뛰어난 교수라도 예외는 없었다. 그래서 서울대 교수는 돈 대신 명예를 가져갔다. 그러다 우수 교수들이 홍콩, 싱가포르, 연·고대 등 다른 대학으로 빠져 나갔다. 대학의 위상은 첫째, 우수 교수진이 결정한다고 본다. 서울대가 더 높은 곳으로 도약하고 싶었지만 한계가 엄연히 존재했다. 그래서 서울대는 재정적으로도 독립하고 싶고 성과 체계도 혁신하고 싶었다. 하지만 현실은 여전히 '정부에 의존'이다.

서울대의 중장기 발전계획이 성공하려면 소통과 돈이 있어야 한다. 여전히 서울대가 풀어야 할 숙제다. 그리고 부디 잘돼서 우리나라의 여러 대학도 뒤를 이었으면 좋겠다.

서울대 중장기 발전계획이 입시에 미칠 영향

첫째, '정시 축소, 아니면 정시에 학종 요소 반영비율 증가' 발전계획서에 미래인재의 모습을 설정해두었다. 앞으로의 인재상을 평가하는 데 있어 수능은 한계가 있다. 서울대는 정시를 늘리고 싶진 않지만 정부가 억지로 하라고 하니 어쩔 수 없다. 기회가 오면 정시를 줄일 것이다. 기회가 오지 않는다면 이전처럼 정시에도 학종요소를 더 도입할 것이다. 비중을 더 늘릴 가능성도 있다. 정시에서 교과를 반영한다는 건 내신 성적만을 의미하지 않는다. 중요한 건 과목별 세부능력 특기사항이다.

둘째, '학업능력을 중요시' 이건 예전부터 기본이었다. 그런데 학업능력이 있는지 더 엄격히 볼 거다. 발전계획서에도 나와 있다. 서울대 신입생 중 학업 미달 학생이 해마다 증가하고 있다고 한다. 당연하다. 예전에는 수험생 100만 명 중 1% 이내 학생들을 뽑았다면, 지금은 50만 명 중 3% 이내의 학생들을 뽑고 있다. 다들 서울대보다는 의치한약수를 원해서 그런 것이다. 그러니 고등학교에서 어려운 과목이라고 피하지 말고 적극적으로 수강하자.

셋째, '자기주도성 강화' 대학은 원래 자기주도성이 있는 학생을 좋아한다. 그런데 앞으로는 더 중요해진다. 왜냐하면 기술의 패러다임 변화로 평생학습을 해야 하기 때문이다. 자기주도성이 있어야 지속적으로 성장할 수 있다.

넷째, '사회경험 전형 신설' 외국 유명 대학처럼 고등학교 졸업 후 대학으로 바로 진학하는 시대는 지나갔다. 따라서 사회경험을 쌓고 대학에서의 학업이 필요해 진학하는 사례가 급증할 거라 본다. 따라서 사회경험 전형을 신설할 필요가 있다고 한다.

다섯째, '글로벌 인재와 사회적 가치를 창출할 수 있는 인재' 서울대는 이제 세계라는 무대에서 인류의 난제를 같이 연구하고 해결하려고 한다. 따라서 글로벌 마인드와 함께 어학 능력은 기본으로 갖춰야 한다. 또 자신의 지식을 타인과 공유하고 협업해서 사회적 문제를 해결하고 가치를 창출할 수 있어야 한다. 이를 다르게 풀어쓰면 자신만의 학업에 매몰된 학생은 아무리 똑똑할지라도 필요 없다는 거다.

여섯째, '학과 구별 없이 무학과로 선발' 서울대 입학관계자는 말한다. "전공적합성이 뭐예요?" 학생이 특정 학과에 진학하고 싶다고 관련 분야의 활동만 하면 안 된다. 대학 진학 후 무엇을 심화전공할지 모르니 골고루 능력을 갖추고 있어야 한다. 인문과 자연을 아우르는 모습은 여전히 유효하다. 아니, 앞으로 더 중요해질 것이다.

일곱째, '선발 인원 감소' 서울대도 짐을 나눠지려고 한다. 지방대는 학령인구 감소로 어려워하는데 매년 3천 명씩 신입생을 선발한다는 건 미안한 일이다. 또 서울대는 지방국립대 대비 정부지원금을 많이 쓰고 있다. 그러면서 특권을 당연히 여긴다는 건 도리가 아니다. 향후 학령인구 감소에 따라 지방국립대와 발맞춰서 학부생의 수를 줄이려고 할 것이다.

안 올 것 같지만
다가올 미래에는 어떤 일이

1900년대 사람들은 100년 후인 2000년대의 모습을 상상했다. 모든 것이 자동화된다. 심지어 기계가 알아서 머리를 감겨주고, 손발톱을 손질해준다. 날개가 달린 소방관이 날아다니면서 불을 제압한다. 고래를 이용한 잠수함이 등장하고, 물고기를 타고 바다를 다닌다. 상상은 자유다. 하지만 상상을 미래의 확실한 현실로 착각해서는 안 된다. 미래는 어떻게 될지 모른다.

미래에 대해 스티브 잡스가 남긴 말이 있다. "1년 후도 어떻게 될지 모르는데 10년, 20년 후를 예측한다는 건 불가능하다." 그리고 아마존의 창업자 제프 베이조스도 미래에 대해 한 마디 남겼다. "미래는 어떻게 될지 모른다. 하지만 미래에도 변하지 않는 핵심 가치가 있다.

우리는 거기에 집중해야 한다."

미래사회는 어떻게 될지 모른다. 개인의 1년 후 모습도 예측하기 어려운데, 범위를 더 넓혀 미래사회를 예측한다는 건 불가능하다. 단지 전문가들의 말로 '그럴 수도 있겠구나'라고 가능성을 타진할 뿐이다. 그래서 '안 올 것 같지만 다가올 미래에는 어떤 일이'에서는 미래 인재로서 갖춰야 할 조건을 두 가지 언급하려고 한다.

현 교육의 비판과 평생교육

우리나라 교육에 대해 뼈 때리는 말이 있다. "19세기 교실에서, 20세기 교사가, 21세기 학생을 가르친다."라는 말이다. 구한말 경성에서 신식교육을 받은 사람이 있다. 타임워프가 일어나 그는 2020년 서울을 경험한다. 모든 것이 낯설다. 너무 낯설어 두렵다. 어디든 도망가려고 한다. 마음의 안정을 찾아야 한다. 그에서 누군가 한 곳을 알려준다. "학교 교실로 가렴." 모습은 약간 차이가 있지만 구조는 똑같다. 교단이 있고, 교단을 바라보고 책걸상들이 줄맞춰 배열되어 있다. 앞에는 큰 칠판이 있고, 분필과 지우개가 있다. 앞뒤로 있는 문과 창문 구조도 같다. 그는 이내 안정을 찾는다.

시대인재는 달라지고 있고, 그들을 양성하는 교육방식도 달라지고 있다. 정말 그럴까? 여전히 교육은 과거와 똑같은 공간 구조 속에서 이루어지고 있다. 이렇게 반문할 수도 있다. "구조는 같더라도 가르치는 사람은 다르잖아." 그렇다. 가르치는 사람은 1980년대와 1990년대에 청소년기를 보낸 사람들이다. 그래서 그들은 종종 이렇게 말하곤 한다. '라떼는 말이야…' 21세기 학생들은 이해가 잘 안 된다. 시대적 괴리에 '꼰대'라는 말을 덧씌운다. 시대는 변했다. 예전 전국 1등은 서울대 물리학과를 희망했다. 의대 시험에서 점수가 낮은 사람들은 피부과나 영상의학과를 선택했다.

지금 큰 비중을 두고 있는 가치가 앞으로는 어떻게 될지 모른다. 특히 과학기술이 급속하게 발전하고 있는 시대에는 더욱 그렇다. 챗GPT에게 의료 자문을 구한다. 동네 병원 의사보다 친절하다. 질문에 질문을 이어도 다 받아준다. 법률 자문도 구한다. 법률사무소는 뭔가 큰일이 있어야 가는 곳인데, 이젠 언제든 내 곁에서 자문을 해준다.

자본주의의 효율성이 세상을 변화시키고 있다. 이를 막으려면 21세기판 러다이트 운동을 벌이거나, 마부가 자동차 도입을 반대한 것처럼 대규모 파업을 해야 한다. 결국은 시간의 문제다. 닭 모가지를 비틀어도 새벽은 오는 법이다. 그런데 문제는 새벽이 어떤 모습으로 다가올지를 모른다는 거다. 스티브 잡스의 말처럼 1년 후의 미래도 모르는데, 10년, 20년 후의 모습을 어떻게 알까?

하지만 이것은 예상할 수 있다. 어떤 모습의 미래가 올지는 모르지만, 세상은 더 빨리 변해간다는 거다. 그런 세상에 적응하기 위해서는 지속적인 학습이 필요하다. 과거 대학 공부만으로 평생을 먹고사는 시대는 끝났다. 수능 점수의 인정기간은 짧아지고 있다. 변화되는 세상에 맞춰 끊임없이 배우고 익혀야 한다. 평생교육이 필요한 이유다.

그래서 학생들은 배움의 즐거움을 알아야 한다. 우리나라가 PISA의 높은 학업성취도보다 낮은 학업흥미도에 주목하는 이유다. 우리나라는 40대 이후의 전문가 수에서 다른 국가보다 현저히 떨어진다. 앞서 서울대 중장기 발전계획을 언급했다. 계획서에서는 안 나와 있지만 이런 배경 해석도 가능하다. 더 이상 서울대 졸업장이 평생의 삶을 보장하지 않는다. 진정 서울대생이 되려면 졸업장이 아니라 서울대생에 어울리는 실력을 갖춰야 한다. 그런데 배움의 즐거움을 모른다면, 서울대생으로서의 유효기간은 생각보다 짧을 것이다.

육상종목은 많은데 매번 100m 달리기만

토론 수업을 한다. 정말 뛰어난 학생을 발견한다. 학생이 읽은 책이 어마어마하다. 그런데 학생부 기록에는 없다. 왜 없냐고 물어봤더니. 그게 그렇게 중요한 건지 몰랐다는 거다. 그 학생에게 독서는 그냥 일상생활이었다. 그 학생은 5등급이다. 그런데 1등급인 어떤 학생은 토론 수업만 있으면 입도 벙긋 못 한다.

'수학', '정치', '이집트'라는 세 가지 키워드 중 두 가지를 활용해 주제를 정하고 탐구하고 발표하는 프로젝트를 진행했다. 이집트 전문가,

수학 전문가, 정치 전문가의 특강을 듣고 영감을 얻어 모둠별로 진행한다. 모둠별 진행과정을 살펴보면 의외의 인물들이 두각을 보인다. 모둠을 리드하고 다양한 의견을 내놓는다.

육상에는 다양한 종목이 있다. 높이뛰기, 1,000m 달리기, 마라톤, 경보, 투창, 투포환, 장대높이뛰기, 이어달리기 등. 그런데 우리 교육은 모든 육상선수에게 100m 달리기만 시킨다. 그리고 기록에 따라 순위와 등급을 매긴다. 금은동 메달을 따면 이후의 삶을 일정 기간 보장해 준다. 그러나 100m 달리기에서만 메달을 땄다고 해서 육상 강국이라 할 수 없다. 육상의 다양한 종목에서도 소기의 성과가 있어야 한다.

사람들은 각자 다양한 달란트를 가지고 태어난다. 타고난 달란트를 무시한 채 한 방향으로만 교육한다면 많은 이가 불행할 거다. 물론 그 방향이 잘 맞는 학생도 있다. 그렇기 때문에 많은 학생과 학부모는 불행하다. 방향과 맞는 학생과 늘 비교해야 하니까. 이런 한 방향으로만의 교육은 국가 발전도 저해할 거다. 특히 우리나라처럼 출생인구가 줄고 있는 국가에서는 소수의 엘리트가 아닌 다수가 각 분야에서 일당백이 되는 전략으로 가야 하지 않겠는가?

사람마다 타고난 재능이 있다. 그리고 다양한 가치로 그것을 존중하고, 계발하는 교육이 필요하다고 본다. 전문가들은 말한다. 앞으로는 인기 있는 분야로 갈 수 있느냐, 없느냐가 중요하지 않다. 자신이 있는 분야에서 상위 20% 안에 들 수 있느냐가 중요하다. 승자의 독식이 보편화되는 사회가 될 것이기 때문이다. 그래서 직업을 택할 때 본인이 잘하고, 좋아하는 분야를 해야 한다.

　마지막으로 하나의 사례를 들고 정리하겠다. 무조건 인서울을 희망하는 학생이 있었다. 그래서 평소 고려하지도 않은 패션디자인학과 (야간)에 원서를 접수했고, 다행스럽게도 합격했다. 학생은 물을 만났다. 자신의 재능과 흥미를 발견한 것이다. 학생은 아침에 일어나 아르바이트를 한다. 그리고 그 돈을 모아 실력 있는 디자이너를 찾아가 개인지도를 받는다. 저녁이 되면 대학교에 가서 수업을 듣고 새벽까지 패션 공부와 실습을 한다. 그리고 아침에 일어나 아르바이트를 간다. 고등학교 교실에서 봤던 모습으로는 상상할 수 없었다.

　어떤 분야든지 그곳에서 일정 수준이 되려면 노력이 필요하다. 그리고 세상은 점점 지속적인 노력과 열정을 요구한다. 대부분의 노력은 끈기를 가지고 이겨내는 것을 요구한다. 그런데 자신이 좋아하는 것을 하면 덜 힘들다. 그리고 거기에 재능까지 더하면 견디면 견딜수록 더욱 성장할 것이다.

정부 3.0이 가져온
대입정보포털사이트 '어디가'

1983년 9월 1일 사할린 근처에서 대한항공이 추락한다. 당시 소련 전투기가 소련 영공에 들어온 민항기를 미군 정찰기로 오인하고 미사일을 쏜 것이다. 이후 로널드 레이건 행정부는 다시는 이런 일이 발생하지 않도록 조처한다. 미군에서 사용하던 GPS를 민간에게 개방한 것이다. 이제 민항기도 GPS 덕분에 정확한 위치를 알 수 있었다.

GPS 개방으로 민항기만 덕을 본 게 아니다. 자동차 운전자들은 지도가 없더라도 새로운 곳에서 당황하지 않게 됐다. GPS를 기반으로 한 내비게이션이 모든 자동차에 설치되어 있기 때문이다. 그리고 한때 열풍이 불었던 포켓몬GO란 게임도 GPS가 제한되어 있었다면 탄생하지 못했을 거다. 버스 정류장에 가면 타야 할 버스가 언제 도착할지도 알게 됐다.

공공정보의 개방과 공유가 가져오는 경제적 파급은 엄청났다.

'어디가' 구성 설계			
1단계	2단계	3단계	4단계
학과와 대학 탐색	전형 정보 분석	지원가능성 예측	대입 상담

2012년 우리나라도 과감한 시도를 한다. '정부3.0'이다. 모토는 공공 정보를 개방해서 국민 맞춤형 서비스를 하자는 것이었다. 이에 대입 분야에서는 교육부와 한국대학교육협의회, 한국전문대학교육협의회 가 주체가 되어 2016년 '어디가(Adiga)'를 만들었다. 어디가(Adiga)는 'Admission Information Guide for All'의 약자로 '모든 사람을 위한 대학지원 정보 가이드'라는 뜻을 가지고 있다.

설계는 위의 표와 같이 이루어졌다. 1단계, 학생들이 자신의 진로 와 적성을 알고 이에 맞는 학과와 대학을 탐색한다. 2단계, 희망하는 학과와 대학의 전형 정보를 분석한다. 여기에는 모집 인원, 경쟁률, 반 영 비율 등의 정보가 있다. 3단계, 학생의 성적에 기초한 전형 결과를 비교 분석한다. 마지막으로 대입상담센터 전화 등을 활용해 상담을 받 는다.

해가 거듭될수록 '어디가'는 진화하고 있다. '어디가'의 가장 좋은 점은 대입 정보가 모여 있다는 것이다. 일일이 교육부나 각 대학 입학 처 홈페이지에 찾아 들어갈 필요가 없다. '어디가'는 대입자료의 보고 다. 그러다 보니 이런 불만도 나온다. '병원에 갔는데 의학백과사전만

받는 격이다.' 그리고 '어디가'의 대입 가능성 예측은 현실과 맞지 않다는 불만도 있다. 물론 학생과 학생이 다니는 학교의 상황을 고려한 맞춤식 분석을 못해줄 수 있다. 또 대학들이 자신의 민낯이 드러날까봐 적극적으로 정보를 공개하지 않기도 한다. 그럼에도 불구하고 흩어진 정보를 모아주고 양질의 정보를 가공해주려는 노력은 수험생과 학부모들에게 큰 만족을 주고 있다.

'어디가'는 웹페이지뿐만 아니라 스마트폰 앱으로도 있으며, 유튜브에는 '대학어디가TV'라는 채널을 개설해 대입 관련 유용한 정보를 제공해주고 있다.

'다시'가 아닌
'다음'으로

인간은 눈을 가져 많은 정보를 얻었고 생존력을 높였다. 세상 모든 것을 다 보려고 하지만 정작 자신만은 예외다. 항상 자신의 반대편만 주시한다. 그래서 우린 타인의 표정 속에 반사된 자기 모습을 본다. 때론 상대방의 주관적 감정으로 인해 자신의 모습이 왜곡되기도 한다.

일에 폭주하던 나를 병이 멈춰 세웠다. 그제야 깨달았다. 내가 학생들을 어떤 표정으로 바라봤는지를. 특히 주변의 기대에 부응하지 못했던 학생들을. 그들은 졸업 후 학교에 찾아와도 나를 만나기가 부담스러웠을 듯하다. 왜냐면 반사된 모습에서 자신의 삶을 '안타까움'으로 규정하고 있으니까 말이다.

대입에 대해 치열하게 고민하고 분석하게 만든 것은 두 학생 때문이었다. 그들은 첫 고3 담임 때 맡은 학생들이었다. 그들에 대한 학교와 학부모의 기대는 컸다. 하지만 결과는 좋지 않았다. 많은 자책이 들었다. 선무당이 사람을 잡았다고 생각했다. 한 학생에게는 이런 제안도 했다. 한 달 생활비를 매월 조금이라도 대줄 테니 재수를 하자고. 학생은 괜찮다고 했다. 두 학생 다 대학 시절을 알차게 보냈다. 하지만 난 이제 깨달았다. 그리고 미안하다. 그들을 볼 때마다 내 표정에는 안타까움이 깔려 있었다.

죽음과 맞닿았던 충격으로 인생을 재조립하고 있다. 그래서 추억이 있는 곳들을 찾아다닌다. 하지만 점점 과거의 추억을 생생하게 상기시켜줄 공간은 사라지고 있다. 과거의 추억이 서려 있는 곳에 가보면 오히려 추억이 퇴색된다. 괜히 갔나 싶다. 과거의 오감을 살려주는 것은 이젠 음악뿐인가 보다. 그 속에는 생생한 추억이 묻어 있다. 그래서 문득 들려오는 노래로 회상에 잠기곤 한다. 한 장면이 떠올랐다.

공중전화부스에 들어가서 동전을 넣는다. 그리곤 아버지께 전화를 건다. "학교 다니기 싫습니다. 자퇴하고 싶습니다." 아버지는 한동안 말이 없다.

많은 세월을 열등감에 살았다. 대학서열이 만들어놓은 열등감이다. 스스로 패배자로 인지했다. 재수를 하고 싶어도 형편상 할 수가 없었다. '다시', '다시'를 외칠수록 스스로 더 초라하게 만들 뿐이었다. 난 나의 상처를 학생들에게 투사하고 있었는지 모르겠다.

대학교 기숙사 학부모 전화번호에 내 전화번호를 적은 학생. 기숙사 사감의 전화를 받고 알게 됐다. 군대 훈련소에서 힘들어했던 학생. 훈련소 중대장이 내게 전화를 해서 학생과 통화를 했다. 학생을 좀 안정시켜달라고 한다. 학부모가 내게 부탁을 했다고 한다. 문과 학생인데 이과로 교차지원을 해서 전자공학을 전공한 학생. 방송국 엔지니어로 취업했다는 소식을 들었다. 영어교육과 면접을 위해 꼭 머리를 자르자고 신신당부한 학생. 결국 면접에서 떨어져 재수를 했다. 다음 해 논술로 해당 대학, 해당 학과에 입학했다. 이후 장문의 메시지가 왔다. 대입 전략을 강하게 설득했다가 오히려 내게 반감을 가졌던 학생. 지금쯤 2등 항해사를 하고 있을까? 중학교 때 왕따를 당했지만 극복해서 간호학과에 간 학생. 그는 내 보좌관이었다. 수학을 포기하지 말자고 설득했던 미대 희망생. 좋은 기회를 얻어 서울대에 1차 합격했지만 최저를 맞추지 못했다. 수학이 문제였다. 내가 삼수까지 권한 학생. 세 번째 시험이 처음보다 결과가 안 좋았다. 그는 내게 와서 울었다. 덩치가 큰 녀석이었다. 9월 모평에서 전 과목 만점을 받았지만, 수능에서 미끄러진 학생. 군 휴가 때 봤으니 시간이 많이 흘렀다. 실력은 대단한데 항상 수능에서 멘탈이 무너지는 학생. 그는 결국 삼수 때 본 수능 결과에 맞춰 대학에 들어갔다. 국어 교사가 꿈인 학생. 그는 국어교육과와 국어국문과에 모두 합격했다. 그는 순위가 높은 대학의 국어국문과를 택했다. 지금은 이 세상에 없는 학생. 모두 그를 사랑했었다. 국어를 완전 망쳐서 방사선과로 교차지원하자고 설득한 학생. 너무 궁금해

6, 7년이 지나 전화를 했다. 우리나라 1, 2위의 대학병원에서 근무하고 있었다. 직업을 만족하고 있을지 모르겠다.

그들 대부분은 과거가 아닌 '다음'을 향하고 있다. 대입에 잠시 미끄러졌다고 해서 삶이 결정 나는 건 아니다. 도약할 수 있는 발판은 끊임없이 주어진다. 원한다면 충분히 활용할 수 있다. 그걸 활용하지 않더라도 행복하게 살 수 있다. 문제는 과거에 얽매이지 않아야 한다는 것이다. 그래야 '다시'가 아닌 '다음'으로 향할 수 있다.

자사고 진학부장의
입시고민 처방전

초판 1쇄 발행 2024년 3월 26일

지은이 | 장준혁
펴낸곳 | 믹스커피
펴낸이 | 오운영
경영총괄 | 박종명
편집 | 최윤정 김형욱 이광민 김슬기
디자인 | 윤지예 이영재
마케팅 | 문준영 이지은 박미애
디지털콘텐츠 | 안태정
등록번호 | 제2018-000146호(2018년 1월 23일)
주소 | 04091 서울시 마포구 토정로 222 한국출판콘텐츠센터 319호(신수동)
전화 | (02)719-7735   팩스 | (02)719-7736
이메일 | onobooks2018@naver.com   블로그 | blog.naver.com/onobooks2018
값 | 20,000원
ISBN 979-11-7043-516-7 03370